# Yo aprobé mi oposición

## Descubre sus secretos

Título original: Yo aprobé mi oposición. Descubre sus secretos.

Primera edición: de 2011

Imagen de cubierta: © Adi Bustaman at 99designs.com
Autor: Marcus Williams
Gráficos interiores: Marcus Williams

Número de asiento registral: 03/2011/267
ISBN: 978-1-4709-4084-3

El autor, en su deseo de colaborar con los lectores, estará en pleno contacto a través de las webs oficiales de la obra, siendo para la versión española de ésta: www.comoaprobar.com

Para mi amigo Scharl Ippope, con quien consigo divertirme en los sitios que más odiaría si estuviese solo.

Para todos aquellos que comparten su vida (tiempo) conmigo, y para todo aquel que se niegue a amargarse hasta el fin de sus días.

*Si vas a leer para creértelo, entonces no leas. (Proverbio alemán)*

# Índice

# 1. Prólogo

Si tienes este libro entre manos es porque ya estás embarcado (o estás a punto de hacerlo) en el mundo de las oposiciones. Si ya tienes un mínimo de experiencia en este mundillo te habrás dado cuenta de que la mayor parte de la documentación a la que podrás acceder se basa en temas como: leyes, resúmenes, método estadístico para aprobar, cómo sintetizar los temarios, de dónde sacar apuntes...Vamos, que empiezas a prepararte y accedes a recursos didácticos. Estudia, estudia, resume, subraya, estudia...vuelve a estudiar y estudia mucho mucho. Se acabó.

Aquí no se va a hablar de nada de eso. Ni siquiera nos importa qué estés estudiando. Este libro trata sobre la parte más olvidada de las oposiciones: tú mismo. Porque toda oposición (como cualquier cosa en tu vida) es la suma de dos factores: el temario y la persona. En una esfera tan competitiva como en la que te has metido, es normal que el ritmo frenético de temarios, apuntes, convocatorias, estadísticas... te hayas olvidado de sumar el factor humano.

Cuántas veces habrás oído historias de gente que suspendió por culpa de los nervios, gente que no consigue estudiar lo que le gustaría...Quizás pienses que hay gente más válida que tú, y probablemente la haya. A lo mejor hay personas contra las que no podrás competir jamás en según qué ámbitos: retentiva, razonamiento lógico... Pero esa es una visión simplista. Porque hay cosas que son más relevantes que esas habilidades en sí mismas. ¿De qué serviría una capacidad de retener los conceptos si al llegar al examen no consigues interpretar las preguntas?¿Para qué sirve pasarse todo el día estudiando si después no recuerdas gran parte de lo estudiado?

Para mejorar el resultado del examen hay que mejorar a la persona que lo hace. La visión convencional consiste en mejorar los apuntes. Buenos esquemas, claridad de conceptos...Pero tanto fijarse en ello provoca que se olvide a la otra parte de la oposición. Una persona preparada con unos conocimientos idóneos obtendrán un resultado óptimo. Sin embargo, una persona mal preparada, aunque disponga de unos conocimientos idóneos estará sometida al azar de las circunstancias. A veces el mero hecho de estar nervioso arruina el examen por completo. Y ahora es cuando se empieza te planteo la nueva perspectiva: la persona preparada no es la persona que más sabe acerca del temario. El saber acerca de sí mismo, cómo funciona su mente, su cuerpo, su capacidad de aprendizaje también cuenta. Sin temario no hay estudiante, y sin estudiante no hay temario.

Además, si te encuentras en la situación de llevar varias convocatorias encima, es el momento de cambiar de paradigma y salir del atolladero. Porque a mismas acciones, mismos resultados. Cuando se suspende, se pone énfasis en estudiar más y más duro; pero esto muchas veces empeora la situación. He visto a gente empeorar los resultados a medida van pasando las convocatorias (a pesar de estudiar cada vez más para todas ellas).

Opositar, o estudiar; es mucho más fácil de lo que crees. Sólo tienes que deshacerte de los enemigos que has estado alimentando día tras día y ahora son enormes. Hasta ahora has estado manteniendo una pelea contra 10, 15 o quién sabe cuantos monstruos. Aprenderás a hacer equipo contigo mismo, y luchar sólo y únicamente contra el temario. La intención es cambiar esa insana costumbre de autoflagelarse largas horas en salas de estudio horribles; metiéndose datos en la cabeza para acabar vomitándolos en un examen. Porque eso es una indigestión de temario; y no un examen bien hecho. Puede que consigas aprobar de esa manera, pero se sufre un montón.

Te estarás preguntando por qué elegí el proverbio de la primera página. El principal motivo es romper el mito al héroe. Nadie es poseedor de la verdad absoluta (y yo muchísimo menos); y quiero que lo recuerdes. Es la mejor manera para que te mantengas sano e íntegro de perspectivas nocivas. Lee, reflexiona, experimenta por ti mismo y contrasta. Lo que te sirva úsalo, y lo que no te sirva no lo uses. Hay gente que por el mero hecho de leer un libro cree que ya es verdad de por sí. El que algo esté escrito no le da más veracidad. De esta manera quiero que recuperes gran parte de tu autonomía.

Sí, si te lo estás preguntando; también estudié una oposición (la aprobé, sí; también). Así que sé de lo que hablo, lo que se siente y lo que se padece. Todas las observaciones se basan en hechos reales, comprobados en el laboratorio de mí mismo, y contrastados en estudios reales. Quiero relatar lo que he aprendido, pero no del temario; sino de todo lo demás. Si quieres temario especializado, lo encontrarás sin mucho problema; estás en la época de Google. Así que no me voy dedicar demasiado a analizar las oposiciones en sí mismas.

De lo que hablaré sobre todo, será del hecho de que prepararse para una oposición no es sólo ponerse a estudiar y ya está. A veces hay que pararse a afilar la sierra. Y con afilar la sierra, no me refiero sólo a descansar. Habrá muchas acciones que podrás llevar a cabo para hacer que tu estudio sea más bueno.

Esta es mi experiencia, y recuerda: aprende todo lo que quieras, pero tienes que probarlo por ti mismo.

# 2. La mente.

Era normal que éste fuese el primer punto a tratar. Estudias con la mente ¿verdad? Pues eso. Vamos a hablar en términos generales sobre los conceptos de pensamiento, hábito, subconsciente y demás. Pero tranquilo, esto no va a ser una aburrida clase de psicología; va a ser una explicación de andar por casa (que los psicólogos del mundo me perdonen).

A pesar de que hay múltiples teorías acerca de cómo funciona el pensamiento, de dónde surge... no vamos a entrar en disquisiciones filosóficas, psicológicas o científicas. El enfoque va a ser más bien práctico, si quieres disponer de más información acerca de este tema, hay un montón de literatura relacionada con ello. Aquí nos vamos a centrar en entender el proceso superficialmente, y cómo sacar provecho de ello.

Como habrás podido comprobar, tu cabeza tiene un aspecto que funciona a su aire, te trae los pensamientos que ella "quiere" cuando ella "quiere". Esto a veces puede resultar bastante molesto, de hecho hay personas que sufren trastornos debido a que no saben cómo escapar de ellos. Te habrás dado cuenta más de una vez de que hagas lo que hagas, bien sea andar en bicicleta o cose o cualquier otra actividad; surgen miles de ideas una tras otra. Estas ideas se basan en recuerdos de gente, planes por hacer...lo que sea. No importa qué estés haciendo; a pesar de ello éstos vienen de visita.

Este comportamiento automático no se limita sólo al pensamiento. También se extiende a las acciones. Realizamos muchas acciones de manera automática (o casi). Un ejemplo muy claro sería el de conducir. Cuando se está aprendiendo, es una experiencia bastante cargante. Sientes que no eres capaz de hacer todo a la vez: mirar por el retrovisor, cambiar de marcha, mirar el tráfico frontal, controlar la velocidad e incluso predecir las trayectorias de los peatones para no atropellarlos. Sin embargo, un día ocurre el milagro. Ese día te das cuenta de que ya no necesitas pensar en todo eso, la cosa fluye de manera natural. Ya no te produce agobio avanzar en tu coche; todo lo haces de una manera fluida: has conseguido automatizar el proceso.

Este aspecto es bien conocido en los deportes que requieren una respuesta rápida; como por ejemplo, los deportes de artes marciales. En muchos gimnasios se dedican a entrenar día tras día una combinación de golpes, o una determinada defensa ante un tipo de patada. Estar haciendo siempre lo mismo, incluso sabiéndolo hacer ya hace que parezca un sinsentido. Pero lo que se busca es, de manera premeditada; obtener una respuesta rápida y automatizada cuando la situación lo requiera. Una vez metido en el combate, no se dispone de mucho tiempo para reflexionar el movimiento que se va a hacer, y el hecho de tener incorporadas ciertas rutinas en tu estilo puede suponer una ventaja determinante.

Sin embargo este tipo de funcionamiento tiene alguna dimensión negativa. Es muy útil en casos de urgencia, como deportes de combate, conducción o similares. El primer problema al que se enfrenta la persona que domina un tema es el exceso de confianza. Ésta puede permitirse el lujo de desconectar de la actividad en sí misma, pudiendo llegar a un extremo de desatención con la actividad que se está realizando; con el consecuente riesgo que esto conlleva. Por ejemplo, cuando alguien conduce y a la vez se pone a hablar por teléfono; no es consciente de que a pesar de estar haciéndolo de manera automática, tiene un déficit de atención (más tareas a repartir). Lo mismo sería cuando uno se pone a conducir y mientras lo hace está pensando en las cosas que tiene que hacer al llegar al trabajo. Esto sería igual de irresponsable. Muchos accidentes ocurren no sólo por la típica acción temeraria como cambiar de emisora de radio. También ocurren por dejarse llevar demasiado por la "facilidad" de la tarea.

Para lo que nos interesa, no vamos a tener que luchar tanto contra el exceso de confianza, pero en cierto tipo de estudios es interesante recordar ésto, pues ciertas oposiciones requieren de ciertas habilidades como la mecanografía (si ya has aprendido a teclear en el ordenador, ¿recuerdas lo difícil que te parecía? ¿piensas ahora en dónde están las letras cuando escribes?).

El otro aspecto negativo de esta automatización de acciones es que se sobreextiende a todos los ámbitos de la vida. Es posible que hayas adquirido un montón de hábitos que te estén perjudicando y que ni siquiera te hayas dado cuenta. Puedes estar realizando actos que te levanten ansiedad, que te provoquen estrés o que mermen tu capacidad de atención sin ni siquiera evitarlo. Así que uno de los aspectos que veremos para aumentar la eficiencia, será el de reprogramar el piloto automático.

## Sinergia

La sinergia es un término griego que define: el resultado de dos o más causas actuando conjuntamente es superior a la simple suma de éstas. Para entendernos, que 2 y 2 son 15.

Un buen ejemplo de esto sería el de disponer de varias personas para mover una roca pesada. Si para hacerlo van una por una acercándose a ella para empujarla, obtendrán peor resultado que si van todas a la vez a hacerlo. Otro ejemplo bueno es el de las cadenas de montaje. En ellas cada trabajador está especializado en algún tipo de tarea. El resultado de la suma de todos estos trabajadores es infinitamente mayor que si a todos los trabajadores los pusieran a trabajar a lo largo de toda la cadena. Si 20 trabajadores montan 100 coches al día, dedicándose cada uno a una tarea (poner ruedas, ensamblar motor...); si se pusieran a cada uno a hacer el coche entero, no sacarían seguramente ni 50. Trabajando de manera sincronizada y coordinada han conseguido potenciar por completo los resultados de un proceso de fabricación.

Lo que se intentará también es conseguir generar sinergia con nosotros mismos. Queremos aumentar el rendimiento del estudio, hacer que una hora de estudio equivalga a 3 de las que utilizábamos antes. Para ello, vamos a sumar a las horas de estudio, otras horas del día para coger impulso; y vamos también a combinar otras fuerzas y herramientas para que la eficiencia se multiplique.

## Pensamiento-sentimiento

¿Te acuerdas de aquella persona a la que le tenías tanta manía? Bien fuera por ser un maleducado, abusón o engreído. ¿Puedes acordarte de su cara? ¿Recuerdas cuál era el motivo por el cual tu le tenías tanto asco? ¿Podrías imaginarte por algún momento dónde ocurrió?

Es muy posible que estés deseando darle unas ****, o algo semejante. Si te fijas en este preciso instante en ti mismo, puede ser que notes una cierta crispación. Si has desarrollado bastante tu autopercepción, habrás notado que además de sentirte enfadado o molesto, tendrás una especie de tensión en los brazos. Esto se debe a que detectas esa persona como un peligro potencial para ti mismo, y tu cuerpo genera los mecanismos de defensa. El principal medio de defensa (salvo si te dedicas al taekwondo o cualquier otro arte marcial) son los brazos.

Teorías biológicas aparte, quédate con el hecho de que tu estado anímico; va a variar en función de lo que tú pienses. Y en función del estado anímico, va a cambiar tu estado físico; con lo que ponerse a estudiar es realmente difícil si no te encuentras receptivo. Si te ha muerto un ser querido, has roto con tu pareja o alguna situación desagradable, el hecho de sentarse a estudiar se complica bastante.

Asumo que la situación que estás viviendo no es un caso tan extremo; pero el ejemplo me sirve para hacerte ver que lo que piensas es muchísimo más importante de lo que parece. Un flujo de pensamientos negativos muy constante en la cabeza, hará que tu ánimo decaiga o se deteriore. Así que el primer paso para la economía mental es desechar todo aquello que sobre y haga daño (sobre todo lo segundo). Si vaciamos nuestro pensamiento de ideas que nos hacen daño; la capacidad de concentración será mucho mayor.

Se dice, e incluso se han hecho estudios acerca del tiempo que tarda una persona en adquirir un hábito está en una media de 21 días. A partir de ahí se supone que aquellas actividades que se nos resistían tanto (como madrugar, comer verduras); nos supondrá algo parecido a la indiferencia al cabo de ese tiempo. No importa tanto el número exacto de días, pero puedes ver que en un período bastante corto, podrás cambiar bastante la situación. Así que ahora te contaré qué ideas se suelen presentar mientras se estudia, y que a ser posible deberías evitar alimentar.

## Las tres dimensiones del descontento: arrepentimiento, queja e idealización

Aunque puedan parecer términos diferentes, en realidad los tres significan: descontento. La única diferencia es el punto de aplicación en la línea temporal. Arrepentimiento se aplica sobre el pasado, la queja sobre el presente y la idealización en el futuro.

Arrepentirse es un descontento sobre algún hecho pasado. Podíamos decir que la finalidad del arrepentimiento es mejorar como ser humano. Arrepentirse refleja empatía, bien hacia los demás bien hacia uno mismo. Pero el arrepentimiento es un sentimiento muy absorbente. Nos relacionamos con el arrepentimiento de una manera poco sana. En nuestro diálogo interno resuena algo así como "me arrepiento porque soy buena persona, eso es bueno. Entonces cuanto más me arrepienta, mejor persona seré". El problema es que eso es una verdad a medias, es cierto que a más empatía más sufrimiento por las malas acciones. Todo el mundo conoce a alguien que pasa por encima de la gente sin importarle nadie en absoluto, y eso es algo completamente detestable. Pero el hecho de equivocarse y mantenerse en un sufrimiento sin fin no te hace mejor persona.

Además, este sentimiento tiende a provocar que se repita la conducta. Estarás pensando: "Pero si me arrepiento ¿cómo voy a repetir mi conducta, si precisamente me arrepiento por ello?". Parece contradictorio, pero la cosa va más allá. Claro que es normal como ser humano que te arrepientas de cosas, y eso te haga evitar el repetirlo. Pero a veces cuando el sentimiento es muy intenso se deteriora la imagen personal de nosotros mismos. Acaba ocurriendo que nos decimos cosas como: "soy torpe con X", y al final creeremos que cada vez que ocurra X, vamos a obrar mal. Del arrepentimiento hay que aprender la lección, y una vez que sepamos por qué nos arrepentimos y qué es lo que debemos hacer de aquí en adelante; quedarse revolcando en el dolor no va a aportar nada más. Aunque perdonarse a veces resulte muy difícil.

El arrepentimiento en el opositor suele darse bastante, y se presenta en variadas formas "¿por qué no me presenté cuando había más plazas?", "no debí haber hecho tal cosa, porque ahora no estaría así...", "debí haber estudiado aquello para aquel examen"... Examina la situación. ¿Es posible que estés en una paradoja? ¿Se trata de algo que querrías haber sabido antes de haberlo sabido?¿Acaso sabías que este año iba a haber menos plazas?¿O sabías que iban a preguntar aquello en el examen? Si te estás arrepintiendo mucho acerca de algo observa si se trata de algo con fundamento, y aprende lo que tengas que aprender; o si simplemente se debe a que tu imagen personal ya está deteriorada y te estás dedicando a castigarte a ti mismo. Fíjate también si estás usando el arrepentimiento como excusa para no hacer ahora lo que tienes que hacer, porque te estás intentando convencer de que esto que estás haciendo no merece la pena; que no eres capaz.

Frenar esta tendencia va a suponer un avance No sólo deberías vigilar los pensamientos de arrepentimiento durante el estudio; también el resto del día. Si durante el tiempo en que no estudias alimentas pensamientos de arrepentimiento, tendrás un desgaste que repercutirá en tus momentos de estudio.

No se trata de evadir todo tipo de pensamientos, porque si por lo que sea no consigues evadirte de ello; puede ser señal de que has dejado cosas pendientes por resolver. No pierdas el tiempo manteniendo ese estado mientras estudias. Plantéate si merece la pena apartar el estudio y equilibrarse antes de volver a ponerse con el temario.

Las quejas y los lamentos se aplican sobre el presente. "Se me da mal estudiar leyes". Quejarse de manera continuada desgasta, y resta capacidad de concentración y de aprendizaje. Las quejas tienden a reflejar descontento con uno mismo, o con actividades que se están intentando evitar, pues conllevan un esfuerzo. "Qué día más aburrido". Repítelo varias veces y te habrás ahorrado el tener que encontrar algo con lo que divertirte.

Si lo que haces es dedicarte a una oposición, entonces repítete varias veces que "no se te da bien tal cosa", "el temario es un rollo" o frases similares, y te quedarás atascado en tu insatisfacción. Además habrás conseguido que te cueste cada vez más; y tu aprendizaje se ralentice "no se me da bien X". Si te haces creer algo, y te jactas de que es cierto lo harás ocurrir.

Ten cuidado antes de decidir qué es lo que quieres creer de ti mismo. Las tautologías (fórmulas que son verdad en todas las interpretaciones posibles) son muy difíciles de establecer. Por ejemplo, se te pueden dar muy bien las matemáticas, y no ser capaz de demostrarlo. Si resulta que te has dedicado los últimos años de tu vida a estudiar letras y a quejarte de lo mal que se te da la ciencia; ¿qué esperabas?. O si bien tuviste un profesor que te hizo odiarlas para siempre, entonces ¿eres tú el que no sirve?. Otro ejemplo más: ¿se te da mal repetir las cosas como un papagayo?. ¿Te estás comparando con personas que llevan toda la vida estudiando de esa manera? ¿No es normal acaso que también se deba a que están más entrenadas que tú?.

Entonces, ¿vas a creer en algo tan difícil de definir?¿Has contemplado todas y cada una de las variables?. Puede ser que algo se te de mal realmente, nadie sirve para todo todo. Pero a lo mejor se te da la mitad de mal de lo que crees, o simplemente no se te da tan bien como te gustaría. Si te descubres quejándote frecuentemente a lo largo del día sobre cosas, estás en el momento de cambiar, bien tu situación personal; bien tu diálogo interno. Pero evita el imposibilitarte a base de lamentos.

Will Bowen, propuso un método muy interesante para mejorar la calidad de vida de las personas. Consiste en ponerse una pulsera en la muñeca. Esta pulsera deberás llevarla durante 21 días. Cada vez que te descubras quejándote de algo la cambias de muñeca. Es un método muy bueno para aprender a descubrirse este hábito insano. Ya sabes que quejarte no es más que desear que la situación sea mejor, sin realizar nada para mejorarlo.

Idealizar es rechazar tu situación actual, es el descontento enfocado en un tiempo futuro. Con la idealización del futuro, lo que estamos buscando es evitar nuestra situación actual. Nos imaginamos en un futuro mejor, donde se cumplan todas y cada una de nuestras expectativas. Normalmente cuando se está opositando se tiende a pensar lo excelentemente buena que será nuestra vida una vez hayamos aprobado. Probablemente tengas razón, y es incluso deseable para conseguir tu coherencia interna (la veremos más adelante).

Pero a veces el pensamiento de idealización es una llamada de emergencia de que algo no va bien. Tendemos evitar algo que nos desagrada del momento presente llevándonos a una situación irreal e ilusoria. Generalmente el futuro semeja que va a ser perfecto, que sólo a partir de entonces podremos ser felices. Ésta es, quizás; la dimensión más difícil de interpretar, porque es difícil distinguir algo que nos hace ilusión, de pensamientos que tenemos para evitar nuestra situación actual. Ésto será más fácil una vez hayamos abordado el tema de la coherencia interna y el del deseo de revancha. Por el momento quédate con que si te encuentras muy a menudo imaginándote un futuro muy perfecto, quizás estás tratando de evitar alguna situación en la actualidad (en nuestro caso probablemente sea estudiar).

## Compulsiones

Las compulsiones son los comportamientos o pensamientos repetitivos y adictivos que sufren las personas y que no pueden o les son muy difíciles de evitar. Una compulsión no es sólo el mero hecho de fumar (muy extendido entre los opositores); también otras conductas pueden ser adictivas aunque a simple vista no se detecten como tales.

Éstas conductas pueden no ser tan llamativas como la típica de fumar; y eso quizás las convierte en más difíciles de erradicar; pues pueden pasar desapercibidas. Hay que estar bastante pendiente de ellas.

Una de las que suelen pasar desapercibidas es el picotear a deshora, cualquier tipo de comida (que usualmente no tiene la consideración de comida, sino que suele ser algo más bien poco sano).

Cuidado, no sólo el picoteo es la conducta adictiva. A veces se cree que se ha superado la adicción y se es víctima de un sustituto. A mí esta situación me trastornaba bastante: estaba estudiando, todo concentrado (al menos eso creía) en mis apuntes. De repente me entra un hambre atroz. "Es comprensible, mucho tiempo en la silla", me digo (más bien me miento). "Voy a comer algo, así de paso descanso algo". Me levanto y acudo a la nevera. El panorama es desalentador, a pesar de estar llena de fruta, lechugas, tomates, cebollas consigo decirme a mi mismo "Oh, mi***. No hay nada" (Gol de mi capacidad de autoengaño). Sí, la nevera está a rebosar, pero a pesar de todo no hay "nada" (casi siempre recurro a comer cosas de poco valor cuando se me levanta la ansiedad). Con lo cual, me vuelvo a mi silla; ya comeré más tarde.

Pero al cabo de un rato, me doy cuenta de que tengo hambre "de verdad", así que me vuelvo levantar y ¡oh, sorpresa! ¡Sigue sin haber "nada"! ¿Pero quién ha comprado esta nevera? ¡Siempre tiene lo mismo!.

Lo peor de todo es que conseguía repetir este ritual varias veces al día. Misteriosamente se me olvidaba qué tenía la nevera media hora después de haberla visitado.

Hay otras conductas adictivas contra las que quizás también tengas que luchar. Éstas son del tipo "una partidita sólo a la consola" (mi perdición), "un ratito de tele", "voy a mirar un poco el (inserte aquí su red social favorita)"...

Pues sí, siento decirte que también deberías dejar de lado las redes sociales esta temporada. Te va a tocar austeridad y quedarte sin saber por qué ese tipo que no conoces ha ido a aquel lugar que tampoco sabes donde está (es increíble el magnetismo que tienen estas cosas). ¿Nunca te ha ocurrido que de repente te sorprendes a ti mismo diciéndote: y este tío quién es, y yo que **** hago mirando sus fotos?.

En resumen, estos medios de evasión deberían evitarse lo más posible, pues tienden a crear resentimiento y generar bastante ansiedad. Además su tendencia a generar un comportamiento cíclico de recompensa-ansiedad supone un grave riesgo para tu integridad y capacidad de concentración. Casi siempre tienden a basarse en un placer inmediato (placer de comer por ejemplo) o una evitación de un "sufrimiento" (tranquilo, estudiar puede llegar a divertirte, te lo prometo. Lo verás más adelante).

Por supuesto que podrás ceder a las tentaciones, de hecho insisto que no consiste en convertirte en un asceta; pero es muy recomendable que si no eres capaz de controlarlas bien, es mejor que intentes evitarlas lo más posible. Además, descubrirás más adelante que en tus ratos libres te hará sentir muchísimo mejor aprovechar ese tiempo de otra manera.

Si tienes una adicción intensa, como fumar; queda en ti la elección de si es el momento de dejarlo. Quizás el hecho de dejarlo ahora te suponga un colapso nervioso que sea incluso peor, y si el hecho de fumar no te provoca resentimiento ya tienes otro factor a tener en cuenta. Pero antes de decidirte a seguir fumando te diré dos cosas: la primera, tu salud cuenta mucho no sólo en la oposición (aunque ésto es lo sabías, incluso te lo recuerdan las cajetillas que compras). La segunda y más importante es que siento decirte que casi nunca encontrarás el momento para hacerlo. Casi siempre encontrarás una manera de sabotear el intento para continuar haciéndolo "cuando pase los exámenes", "cuando se recupere mi perro", "cuando cambie de trabajo", "es que acabo de perder jugando en el casino", "es que así me socializo"...

Si al final te has decidido por dejar una adicción o manía, es bueno que sepas que es mejor dejar todas de golpe; pues tienden a alimentarse mutuamente. Si has acumulado varias a lo largo de tu existencia el cambio será bastante duro, pero suele funcionar mejor. El problema de las adicciones radica en que cuando abandonas el hábito de una, ese vacío lo intentas llenar con las que te quedan vigentes. ¿Conoces a alguien que al dejar de fumar se haya puesto como un globo? Pues ahí tienes un buen ejemplo.

Y hablando de adicciones, el café también puede ser sometido a consideración en esta etapa.

Nuestras células disponen de unos receptores a través de los cuales obtienen información. Ésta información puede ser muy variada. La cafeína, actúa sobre algunos de estos receptores; bloqueándolos. Estos receptores que bloquea tienen la función de recibir la información referente al sueño.

El resultado es que el efecto excitante en realidad no es más que ignorar una necesidad de sueño o cansancio. El método de tomar café para estudiar, es un hábito que nos puede generar problemas. Con ello no se trata de erradicar la ingesta de café; pero recurrir al café como utensilio para estudiar mejor, o tomar mucho de manera muy frecuente, puede provocar consecuencias desfavorables para una época de estudio. Además, el café puede ocasionarnos una baja calidad del sueño, y en esta etapa dormir va a ser tan importante como estudiar.

## Coherencia interna

Bueno, la coherencia interna como tal no es un término que exista. De hecho me lo he inventado para poder poner un título a este apartado.

Con la coherencia interna me quiero referir a cuando la intención y la acción se dirigen en una misma dirección, sirviéndose de la concentración (¿que sesudo suena esto verdad?). Tranquilo, esa es la frase para resumirlo todo rápidamente; poco a poco iré explicando a qué me refiero. Es un poco complejo de expresar, pues es algo intangible, así que lo abordaré desde varios puntos para acercarte a su esencia.

Cuando tú quieres realizar algo, digamos que tienes una intención (entiendo intención como pensamiento que obedece a un deseo. Quizás no es su atribución exacta, pero para entendernos). Si por ejemplo (por decir algo): tu jefe te ordena hacer algo que no quieres, generas tu pensamiento de acción y lo haces; pero ocurre que el resultado es mediocre, pues lo has hecho con desgana. Esto se debe a que realizas una cosa que no tenías intención, y tu concentración se mengua mucho a la hora de hacerlo y el resultado es pésimo. En resumen, lo haces pero no quieres hacerlo.

Otra forma de acercarte a este aspecto es la famosa frase de Henri Ford "Tanto si crees que puedes hacerlo como si crees que no, estás en lo cierto". Si analizamos esto detalladamente, nos damos cuenta de que se refiere a creer en sí mismo. En definitiva, si tú crees que no puedes hacer algo, no lo harás. Es decir, si crees que no eres capaz de aprobar, tu subconsciente se encargará de hacer que ésto sea cierto. De algún modo podríamos decir que tienes la intención de no aprobar.

Ahora quiero profundizar un poco más en este tema. Imagínate a una persona que se dice a si mismo que va a aprobar. Y a pesar de repetírselo todos los días, pasa de estudiar. Probablemente gane mucho dinero como tahúr, pero el aprobado del examen no lo va a conseguir casi seguro. Ése es el aspecto que comentaba anteriormente de la coherencia interna: acción e intención no siguen una misma dirección (quiero conseguir algo sin hacer nada por ello).

Ya hemos observado las dos direcciones de este fundamento: hago algo pero no creo en ello (el ejemplo del jefe), o creo que voy a conseguir algo y sin embargo no hago nada. En realidad el segundo ejemplo no es más que el resultado de no creer en algo en y querer autoengañarse a sí mismo.

Por cierto, mi mentalidad es profundamente humanista. Yo otorgo la capacidad de transformar el mundo a las personas. Está poniéndose de moda una corriente "ideológica" de escaso fundamento científico y poca capacidad de ser demostrada que alega que el mero hecho de creer mucho en algo, hace que esto ocurra. Respeto cualquier tipo de creencia, pero prefiero que se tenga mucho cuidado en otorgar nuestra capacidad transformadora a un ente externo. Todos los contenidos sectarios se basan en que hay un tercero mejor que tú, que realizará las cosas por ti y mejor que tú. Mi intención no es anular tu voluntad, sino todo lo contrario. Mi idea es dejar en ti la capacidad de sacar esto adelante.

Si crees que la felicidad te la va a traer un tercero desde el planeta X, o que pensando mucho mucho mucho en algo va a ocurrir, tira este libro por la ventana o regálalo, éste no es tu libro.

Si todavía sigues leyendo, vuelvo al proverbio del principio del libro. Por favor, no idolatres a nadie, no le regales tu vida a nadie. La única persona que va a cumplir tus sueños eres tú. Y con ello insisto, yo tampoco soy un gurú. Nadie lo es. Y tampoco puedo hacer nada por ti, igual que ninguna otra persona.

De eso se trata, de que tú labres tu método. Puede ser que en academias consigas buenos apuntes, y que ciertas personas te pueden relatar sus experiencias, pero el resultado dependerá sobre todo de lo que tú hagas. ¿Quién te matriculó en esa academia tan buena? ¿Por qué estás leyendo esto? Si, al fin y al cabo eres tú quien hace las cosas para ayudarte. Yo he escrito esto, pero eres tú quien lo está leyendo.

En conclusión, nada de fe ciega. Razona si esto que digo tiene fundamento para ti y puede ayudarte en algo, y si tienes dudas pruébalo; al fin y al cabo nada de lo que cuento es nocivo. Si no te sirve, lo dejas y ya está. Piensa que muchas veces la ciencia tiene excepciones, puede ocurrir que algo de aquí a ti no te sirva en absoluto.

Incluso puede ser que mi propia experiencia sea bastante diferente a tu manera de funcionar y tu situación personal. Lo que te cuente pásalo por el filtro de tu razón (cabe destacar que se distingue claramente entre razón y prejuicio). Haz las cosas después de examinar si son buenas para ti. Es de la única manera que querría que lo hicieses.

Con respecto a la coherencia interna, que sepas que no es la llave que lo abre todo. Hay que destacar, que a veces creer en algo y actuar en consecuencia no es suficiente. Hay dos vertientes más:

- Una de ellas puede ser que no se sirva para esto que hemos emprendido (mucho cuidado antes de tomar esta vía, relee este libro entero si es necesario antes de decidirlo). A veces creer que no se sirve para algo responde a prejuicios como ya vimos anteriormente.

- La otra vertiente es que nuestra intención no es pura. Explicándolo mejor: a veces creemos que queremos algo; en vez de quererlo realmente. Este es un enemigo, bajo mi punto de vista, difícil de derrotar. Además suele resultar muy difícil de detectar. Tiende a responder a miedos, insatisfacciones y frustraciones pasadas como veremos más adelante.

Lo importante en este momento es que sepas que el hecho de hacer algo no es suficiente, el sentarte a estudiar dará resultados; y cuanto más estudies mejores resultados tendrás. Pero hay una manera de potenciar esto muchísimo. Para ello tienes que creer en lo que haces, querer hacerlo y en consecuencia; hacerlo.

## Desarrolla tu método de estudio

La visión simplista del estudio se basa en: siéntate, lee y relee hasta que consigas repetirlo. Por supuesto que hay temarios que no pueden ser abordados de esta manera, como por ejemplo pruebas psicotécnicas y oposiciones específicas de ciertas áreas. Pero casi todas tienen un temario basado única y simplemente en la memorísitica (frecuentemente leyes).

Dependiendo del nivel de la oposición, se tendrá que aprender con mayor o menor detalle los contenidos. El grado de detalle es algo que te demandará tu propia oposición; pero lo más importante es que intentes extender tu método de estudio.

Si conoces por ejemplo algún músico, te habrás dado cuenta de que tienden a describir el mundo con procesos auditivos. Cuando por ejemplo ven una película de terror vienen más impresionados de los sonidos y voces que de las propias imágenes. También habrás visto a gente que dispone de una memoria visual deslumbrante.

Otras personas tienden a recordar las cosas si las han escrito, si resumen el temario. Les ayuda a concentrarse y encontrar una estructura básica para comenzar a estudiar.

Quizás es bueno apoyarse en nuestro comodín, usar el método que mejor nos funciona. Pero cuantos más balones lances más canastas meterás. Sería bueno intentar abordar algo desde una perspectiva diferente, para intentar reforzar el conocimiento e integrarlo desde otra perspectiva. Los conocimientos tienden a perdurar si han sido de utilidad, y si han sido ejecutados. El hecho de intentar buscar una perspectiva diferente hace que busques una nueva integración. Prueba por ejemplo a hacer un diálogo imaginario con alguien, un dibujo de algo que te cuesta mucho muchísimo recordar o incluso un baile con una canción. Todo vale, y además te romperá la monotonía de sentarte siempre a mirar el mismo papel.

Otra idea buena es reforzar nuestra capacidad de aprendizaje preferida. Por ejemplo si tienes una memoria de tipo fotográfica, te podrá ayudar mucho si le añades algún tipo de dibujo o símbolo a ciertas páginas. Gracias a eso conseguirás distinguir mentalmente unas páginas de otras. Además, si puedes dibujar algo que represente de algún modo lo que quieres aprender; puedes obtener mejores resultados.

Cuidado con el recurso de los rotuladores de colores, transformar el folio en un arco iris usando un complejo código de colores podría ocasionar demasiado estrés. Semeja muy mnemotécnico, pero caer en la tentación de generarnos estrictas reglas de colores y márgenes podría sobrecargar la información que aprendemos con información adicional (nuestro código) que no nos aportaría mucho.

De lo que se trata es de que escapes un poco del método tradicional. A no ser que te funcione perfectamente, que entonces deberías seguir con él. Piensa que la educación ha sido diseñada para un gran grueso de la población, y una clase con gente moviéndose y cantando o semejante sería un descontrol. El temario ha de ser expuesto de un modo genérico para todos, pero la integración en ti mismo es responsabilidad tuya. Si te cuesta, no te contentes con seguir leyendo, a veces se simplifica muchísimo cambiando la manera de meterlo en la cabeza.

Si has estudiado matemáticas, integración de funciones; recordarás la fórmula de integración por partes gracias a la famosa frase de "Sentado un día vi un valiente soldado vestido de uniforme". Para aquel que no sepa del tema, lo dejaremos explicado para que vea la efectividad del método:

$$\int_a^b u\,dv = uv - \int_a^b v\,du$$

No importa si entiendes o no los símbolos que salen ahí. El palito alargado es una integral, es decir una operación matemática. Para recordar eso se suele decir esa frase, donde cada palabra representa un símbolo de la ecuación. De cada palabra cogemos la letra por la que empieza. Así sería:

"Sentado (esta palabra representa al símbolo de integral) un (esta palabra representa a la siguiente letra de la ecuación. Como "un" comienza por la letra "u", entonces representa a la letras "u") día vi (día sería la "d" y vi sería la "v". Así día vi es equivalente a "dv") (= después simplemente ponemos el igual) un ("u") valiente ("v") soldado (integral) vestido ("v") de uniforme ("du")".

Si eras una persona que desconocía esto, dentro de unos años recordarás la frase perfectamente. Es decir, acabas de "aprender" a integrar por partes y no tenías ni idea. Desgraciadamente para integrar no basta con esto, pero ya verás como cuando dentro de bastante tiempo, recuerdes perfectamente la frase te llamará bastante la atención.

A lo que voy con ello es que si hay algo que se te resiste a quedarse, a veces se consigue un planeamiento alternativo que simplifica las cosas mucho. Intenta no recurrir demasiado al método de usar las iniciales de las cosas para crearte una frase, o te verás sumergido en un mundo surrealista de frases sin sentido; y después no recordarás nada.

Si lo que tienes que aprender es algo que deberías recordar con un 100% de precisión (hay oposiciones que exigen este grado de conocimiento), posiblemente deberías descartar todo este apartado. Seguramente dispongas de una memoria buena (o incluso eidética) como para tener que apoyarte en estos artificios. Te encontrarás entre los privilegiados para este tipo de temarios. Aunque si descubres algo acerca de esto y encuentras la manera de aumentar tu efectividad, cuéntame cómo.

Yo por supuesto no puedo opinar bajo ese cuadrante, no me encuentro entre ese tipo de personas, así que quizás el usar perspectivas diferentes te complique más las cosas, no lo sé. Pero como llevo diciendo todo el libro, eres tú quien debe experimentarlo.

# 3. Alcanzando la coherencia interna

Hemos visto que el creer en nuestras acciones es importante para conseguir buenos resultados. La coherencia interna, como dije, se compone de tener una intención, actuar para conseguir eso que queremos de manera consciente (concentrados en ello).

Tenemos que prestar atención a estos tres parámetros y hacer que funcionen de la mejor manera posible. Si alguno de los tres se descompensa mucho, el resultado puede ser malo.

El parámetro de tener una intención: querer hacer algo; es un opco más delicado que quererlo a secas. Puede estar influído por otros factores. La intención de hacer algo no es el factor único. El deseo o las ganas de hacer algo pueden estar condicionados por otros factores y la cosa podría no funcionar.

# Creyendo en lo que haces, la intención.

Tener la intención de hacer algo, puede no ser tan simple. A veces la intención, como ya resumí antes puede estar afectada por creencias que hacen que no ocurra lo que queremos.

¿Nunca te ocurrió que no te creías capaz de algo hasta que alguien te obligó o animó a hacerlo y entonces lo hiciste?¿alguna vez has visto como una persona consigue hacer algo que no creía sólo porque le animan a hacerla?. Ésto ocurre bastante en el ámbito deportivo, aunque si no perteneciste a un ambiente de este tipo, pudiste haberlo observado en cualquier otro aspecto.

A ese fenómeno se le conoce como el efecto Pigmalión. En la cultura romana Pigmalión era un escultor que fabricó una estatua de marfil representando su ideal de mujer y se enamoró de ella. Como suplicaba que fuese real, la diosa Venus dio vida a dicha estatua. Como en la leyenda, el efecto Pigmalión es el proceso mediante el cual las creencias y expectativas de una persona respecto a otro individuo afectan de tal manera a su conducta que el segundo tiende a confirmarlas. Si una persona tiene la fuerte convicción de que otra, por ejemplo, es incompetente; ésta acabará actuando como si fuese tal.

En 1968 Robert Rosenthal y Lenore Jacobson realizaron un estudio para evaluar este impacto en las aulas. El estudio consistió en realizar un test en un colegio. En dicho test se evaluaban las habilidades intelectuales a los alumnos. Después se informaba a los profesores de los alumnos que habían sacado mejores resultados, con lo que iban a ser los que obtuvieran el mejor rendimiento académico. Ocho meses después, se confirmó que el rendimiento de los alumnos privilegiados era mucho mayor al de sus compañeros. Ésto no es tan llamativo. Pero lo curioso de esta historia es que en realidad no se hizo ningún test. Simplemente se escogieron a un 20% de alumnos y le dijeron al profesor que eran los que habían obtenido los mejores resultados. La explicación de ésto es que el profesor fue condicionado de manera que inconscientemente hizo que se cumplieran sus expectativas. El modo de dar la clase o de dirigirse a los alumnos hizo que acabase beneficiando de algún modo a los elegidos.

A veces, en nuestra historia, se producen hechos que nos hacen creer que no servimos para algo. Algún profesor, familiar amigo o desconocido nos pudo dar a entender que éramos torpes con algo. Como vimos en el efecto Pigmalión, ¿crees que el profesor se dedicó a decirle a sus alumnos que eran muy buenos?. Seguramente simplemente les transmitió esta información de manera mucho más sutil. Su lenguaje corporal, verbal; su didáctica, sus descansos... todo eso trabajó conjuntamente para hacer que se cumpliesen sus expectativas de manera inconsciente. Imagínate si algo que ni siquiera se expresa de manera directa puede conseguir esos cambios, lo que hará un ataque directo o un desprecio de alguien.

En nuestro fuero interno puedes oír mensajes que te dicen que no eres capaz, que esto no se te da bien. Tienes que intentar descifrar estos mensajes, y ver si responden a prejuicios de otras personas o de si alguna vez te hicieron sentir mal por algo. Podrías recordar algún hecho que te hizo sentir muy mal y te hizo creer que no tenías la capacidad para hacer algo. Si no crees en lo que haces, tu coherencia interna merma, y los resultados se verán afectadísimos.

No hace falta que te fuerces a creer todo lo contrario; pero si estás viviendo continuadamente la realidad de que no puedes hacer algo, es mejor desterrar esa idea. Puedes desterrar el aspecto negativo y quedarte en el campo de la incertidumbre, transformar el "no se me da bien hacer esto" en "voy a hacer esto a ver qué ocurre" ya es un cambio muy grande.

Piensa que no sólo estarás influenciado por opiniones ajenas, a veces nuestra propia autoestima es baja y nos hace creer que algo no está hecho para nosotros. Obviamente no sabías hacer algo antes de saber hacerlo (una vez más la paradoja al poder).

Claro que te parece imposible algo que no has conseguido. ¿Qué mentalidad querías tener?. Es normal que las cosas den miedo antes de enfrentarlas. Estás queriendo ver las cosas desde una perspectiva que no te corresponde. Si tú ahora crees que no eres capaz, porque no lo has hecho; es normal que te venga esa idea a la cabeza. Tienes la mentalidad de una persona que aún no lo hizo.

Recuerda algo que hayas aprendido. Un idioma, patinar, andar en bicicleta... ¿Pensaste que no podías? ¿Cómo te ves a ti mismo ahora, desde este momento presente cuando te observas a ti mismo antes de conseguir aquello que no sabías hacer?. No puedes juzgar el futuro con la mentalidad de un momento presente.

Las habilidades se desarrollan, así que puede ser que antes no tuvieses la capacidad de aprobar ese tipo de exámenes. Pero es para lo que te estás preparando ahora. No te juzgues antes de tiempo, ¿estás seguro de no estar intentando justificar tus miedos?. ¿Estás completamente seguro de que controlas la mayor parte de las variables y has llegado a la conclusión razonada de que no sirves para algo en concreto?¿es posible que fuese cierto en aquel momento pero no ahora?

¿Sabes cómo condicionan a los elefantes en los circos? Cuando son pequeños les atan una cuerda a un árbol. El animal intenta soltarse y lucha contra ella, dando tirones. Al final acaba aprendiendo que no es capaz de luchar contra ella y que es inútil. Cuando el elefante es adulto, aunque pesa más que varios coches juntos, si lo atan por esa pata a una silla no intenta librarse de ella. Cree que no es capaz. Ni siquiera las creencias pasadas son ciertas siempre; algunas habría que actualizarlas.

Si los músicos fuesen buenos por naturaleza, no ensayarían. Sí, si estás intentando sabotear el argumento pensando en Mozart, adelante. Claro que hubo genios en la historia, pero muchas personas que destacaron en algún campo, dedicaron largas horas de su vida a ese área. Si buscas biografías de según qué gente, verás que la iluminación puede existir, pero muchas personas consideradas excelsas en algo, han trabajado duro para ello.

Dile al mejor boxeador del mundo que no entrene, que se dedique a comer comida basura y a fumar. Total es el mejor del mundo, ya es bueno de por sí. Y que se vaya a jugar la dentadura en el próximo combate. Seguro que pasa de ti.

El argumento de que ciertas personas consiguen las cosas porque sí suele ser tentador cuando estamos evitando hacer algo; pero en ejemplos como éste nos damos cuenta de lo absurdo de la idea del don natural. El don natural existe, pero sin dedicarse a ello no se obtiene nada. Si a pesar de todo conseguiste convencer al boxeador, avísame; que apostamos por el contrincante.

Creer en lo que haces aporta una mejoría considerable en los resultados. Si ésta dimensión se aleja de tu manera de ver la vida, al menos destierra la idea negativa de ti mismo o seguro que no funcionará bien. No tienes por qué creer que eres bueno, muchas personas que realizan algo de manera excepcional simplemente lo consiguieron realizando esa tarea. Muchas personas desarrollan habilidades en áreas porque simplemente no se juzgan. Ésto se ve bastante en tareas consideradas aficiones. Por ejemplo una persona que patina continuamente simplemente va a hacerlo porque le gusta. No va buscando el resultado y por lo tanto no se juzga. Sencillamente, patina.

En una oposición va a ser muy difícil llegar a esta perspectiva; pues al fin y al cabo lo que buscamos es el resultado. Pero que el ansia de un resultado bueno no te haga creer tu imposibilidad para ello. Una cosa muy diferente es creer que todo lo vales (esto tampoco sería la opción más sana). Pero frenar la tendencia de que no vas a poder te ayudará bastante. Y si además, al final acabas descubriendo que en realidad valías más de lo que opinabas, genial.

Ya lo sabes, puedes juzgarte, pero hazlo con cuidado; si te etiquetas antes de tiempo, bloquearás tu crecimiento sin necesidad de haberlo hecho. Ya lo dijo Kierkegaard: "si me etiquetas o me clasificas, me niegas". Así que, convéncete de que eres torpe, y eso serás.

## Quiere lo que haces. El deseo de revancha y la identidad escudo

Como soy así de guay, me he inventado otro par de términos. Éstos son: el deseo de revancha y la identidad escudo. Vamos a ver de qué va todo esto.

Desde que somos pequeños, nos enseñan a contentar a los demás con nuestros estudios. Nuestros padres quieren (y lo mires desde donde los mires es comprensible e incluso aceptable) que saquemos buenas notas en el colegio y que aprobemos. Nuestros profesores muchas veces nos enseñan que tenemos que agradarles, y para ello tenemos que estudiar lo que nos digan y como nos lo digan. No voy a cuestionar el modelo de enseñanza, puede ser que éste sea el más válido para la sociedad en la que vivimos.

Lo que quiero resaltar es que este planteamiento, a pesar de tener muchas ventajas (que las tiene, insisto; no estoy en contra. Más bien a favor) tiene alguna mala. Si la ejecución no es del todo correcta, puede llevar a que los niños se identifiquen con sus notas, con sus resultados. Si eres bueno en algo, mereces cariño y admiración. Si eres torpe, te ridiculizamos y te sentamos al fondo de la clase. Te acabarás transformando en un friki al que será necesario rebautizar con un mote para tenerte bien distinguido y clasificado (Pigmalión ¡al ataque!). Perdido para siempre.

No hay más que observar un poco las conversaciones del mundo adulto. Comienza a fijarte, y mira cuántas veces al día oyes comentarios hacia profesiones que son "buenas" y hacia profesiones que son "malas". Si un (inserte aquí profesión de alto prestigio) le dice algo a un (inserte aquí una profesión de poco prestigio), probablemente tenga razón. Si le dice algo bueno, es un honor para éste. El problema del pragmatismo llevado al extremo es que te obliga a vivir en una escalera. Se busca estar en el peldaño más alto posible (identidad escudo).

Al confundirte con tus resultados, tu estima se puede llegar a basar en algo relativo a tus habilidades. Por ejemplo, si un niño dibuja bien, recibirá muchos halagos por sus dibujos. "¿Por qué no te haces pintor?" (He aquí el maravilloso don de buscarle el uso a todo). Si la visión se pragmatiza demasiado, entonces el comentario se transformará en "¿Por qué no te haces arquitecto?. Ganan mucho dinero".

A lo mejor ese niño sólo quería dibujar, no hacer casas. Probablemente esa persona, si ha recibido mucha "opinión" ajena, tenga severos problemas para saber qué es lo que quiere realmente. Si querías saber como se siente un pájaro en una jaula, ahí lo tienes. No ha de ser muy diferente...

Además, habremos perdido a un pintor feliz.

*Nota del autor: los arquitectos tienen una profesión preciosa, mi cometido es mostrar el error de dedicarse a algo que en*

*realidad no se desea. Simplemente ha sido a modo de ejemplo.*
*Un saludo a los arquitectos del mundo.*

Eso es lo que yo defino como una identidad escudo. Escudo porque es detrás de lo que te escondes para parar los golpes de la vida. Si se ha aprendido a identificar el valor personal con las habilidades, se creará una imagen protectora que proporciona el bienestar. Tienes un don, tienes amigos, te quieren.

No se trata de avergonzarse de los logros, pero es bueno tomar cierta distancia de ellos. Porque a veces los logros que estamos obteniendo no son los logros que querríamos obtener; pero nuestro bienestar depende de ello.

Necesitamos esos logros para estar bien con nosotros mismos, pues hemos aprendido a querernos a través de ellos. Si los logros no coinciden con nuestros deseos más profundos, podremos haber caído en un bucle infinito del que será muy difícil salir. Obtenemos una recompensa por nuestros resultados buenos, pero de algún modo nos sentimos insatisfechos. No conseguimos encontrar el por qué, pues las acciones que desarrollamos nos proporcionan alivio. Así que volvemos a obtener logros para sentirnos bien una vez más.

Yo las únicas maneras en las que conseguí a día de hoy para localizar los escudos tras los que me escondo son estas dos: si me imagino frecuentemente siendo felicitado por algo (destaco lo de frecuentemente) en vez de realizando ese algo que me gusta. Es decir, si pienso en el resultado en vez de en la ejecución.

Por ejemplo, si tiendo a pensar más en lo bien que quedo siendo un fenómeno a la petanca, que en mi jugando a la petanca con mis amigos (la petanca es otro ejemplo más). Y otra forma que tengo para detectar si algo no va bien es fijarme si el hecho de hacer algo bien más que satisfacción llega al punto de ser "alivio por no haberlo hecho mal". Es decir, que hacerlo bien me da bienestar pero hacerlo mal me sienta como una puñalada. Si no me puedo permitir el errar, es porque estoy metiendo demasiado mi valor personal en ello.

Las identidades escudo suelen tener tendencia exhibicionista. Como ya dije, es bueno estar orgulloso de los logros de uno. Para nada estoy intentando dar a entender que lo mejor es avergonzarse de ellos, o de alcanzar una humildad (real o falsa) inalcanzable. Como todo lo expuesto aquí, se debe observar desde la parcialidad. No creo que la renuncia a todo sea alcanzable por una persona convencional. Y tampoco estoy seguro de si eso hará feliz a uno. Quizás hubo santos y gente excepcional en la tierra, pero nosotros nos encontramos entre los normales.

Lo que expongo es la manera de distanciarse de ciertos hábitos que pueden ocasionar problemas en determinados momentos de la vida. Si eres pintor, expón tus obras sin ningún miedo. Y si eres músico, sigue dando conciertos. Con tendencia exhibicionista me refiero a necesitar hacerlo constantemente (subrayo necesitar). Estar en un funeral y contarle al de al lado que tu último cuadro es perfecto; es poco sano. La tendencia exhibicionista la detectarás fácilmente cuando salga la necesidad fuera de contexto de hablar de ello.

El deseo de revancha es lo mismo, pero cuando esta identidad la generamos desde la frustración. Es una identidad que se forja cuando el resentimiento te obliga a reinventarte. Por ejemplo, alguien que se sintió desplazado y poco querido, se ensimismó y se puso a hacer marionetas de papel para algún día enseñarle a todo el mundo que es una persona que merece la pena. No se me pudo haber ocurrido un ejemplo más tonto, pero no quería usar ninguna profesión o habilidad en concreto. De todos modos, creo que ha quedado claro.

¿Cómo afectan estos aspectos a la coherencia interna?. Cuando se vive de manera muy intensa alguno de estos aspectos, los deseos se hacen más difíciles de localizar. Se entra en una dimensión de "creer que se quiere algo"; en vez de "querer algo". Y como ya comentamos, las acciones deben estar en consonancia lo más posible con nuestros propios deseos. De esta manera, puedes estar creyendo que quieres el aprobado; y te pones a estudiar. Pero hay una vocecita intentando decirte que no lo hagas.

Además de estrés, posiblemente no obtengas el resultado que estás intentado conseguir (fíjate que puse "intentando conseguir" en vez de "quieres"). En este caso, tienes una acción dirigida hacia el aprobado, una concentración dirigida al aprobado, pero una intención desviada. Si tres personas no empujan en la misma dirección, se consigue un movimiento en una dirección diferente a la deseada y a una velocidad menor a la deseada.

La coherencia interna, a pesar de ser un concepto sutil no es más que una forma de sinergia.

¿Cómo se puede dar esto en un opositor?. Bien; supongamos a un opositor que durante toda su vida ha sido el listo de la clase. Siempre ha sido alabado y admirado por lo bueno que es. Sus profesores desde el colegio hasta que se sacó el doctorado lo han premiado con un trato privilegiado como persona. Como ya hemos visto, no es algo tan aislado.

Ya habrás visto que las personas inteligentes reciben trato preferente entre el personal docente. No sería extraño pues, que esta persona se haya confundido y crea que su valor personal sea sus logros académicos. Como siempre ha realizado hazañas a nivel académico, el día que se decidió por una oposición se basó más en la dificultad de ésta para; además de obtener el aprobado, poderse sentir bien consigo mismo.

¿Pero quiere hacerla realmente?. No. La necesita. Por necesita entiendo a nivel emocional; a nivel económico, seguramente sí que quiera hacerla. Entonces esa persona se enfrenta a dos gigantes: el primero que no está en coherencia lo que hace con lo que quiere; y el segundo, que no sólo se juega su aprobado sino que se juega su propio bienestar.

No quiere aprobar, necesita esta oposición (destaco "esta"). Esa persona tiene su valor personal allí dentro. Hay mucho en juego. Si suspende, se derrumbará. Imagínate que suspende una vez. La siguiente vez llegará al examen más desgastado incluso que la primera vez, pues tuvo que estudiar de nuevo cuando ya se había hundido por completo.

Además, quizás no sea la oposición que quería realmente. Puede ser que le gustase más otra más acorde con sus deseos, pero ésta la necesita; porque es difícil a nivel académico. Encaja perfectamente en sus necesidades.

*Nota del autor (irrumpiendo en mi propio texto): es un ejemplo. No a todos los listos del mundo les ocurrirá ésto, pero es bastante probable. Si eres muy inteligente, tampoco te confundas con lo que explico. Es un ejemplo del mal hábito de la inercia.*

Si hasta ahora te había parecido una chorrada el planteamiento alternativo del estudio de una oposición, creo que en este momento estarás empezando a ver las cosas de otra manera.

Es normal en las personas que siempre han tenido excelencia académica que hayan pasado etapas en las cuales se comparen constantemente con sus compañeros; mirando si sacaron mejores notas que ellos. No es raro que vivan un infierno personal, lamentándose por qué no fueron la mejor nota de la clase; o por qué aquella persona considerada por ellos más "tonta" ha sacado mejor nota que ellos. Tampoco sería raro que se hayan generado una necesidad muy grande en el éxito académico. Ésa sería la identidad escudo: "el listo".

Lo mismo ocurre si la identidad escudo viene por deseo de revancha. Puedes querer ser "el listo" para demostrarle al mundo que sí que mereces la pena; para compensar una época en la que fuiste mal estudiante o para derrotar a alguien que te hizo sentir menos en el campo académico.

No sólo los listos llevan una inercia muy potente. Hay un montón de roles alentados a lo largo de los años que generan necesidades que pueden llevar a no oír los deseos verdaderos. Describir todos estos roles sería innecesario e inviable, pero el ejemplo sirve para poder ver cómo funcionan nuestros deseos (o no tan deseos) a veces. Saber si te has condicionado a lo largo de tu vida por algún aspecto que te lleva hacia algo que no quieres en realidad queda de tu mano (como siempre). Pero es muy recomendable observar por qué te encuentras estudiando esta oposición.

Claro que a veces el planteamiento es mucho más sencillo: es lo único que ofertaron, buscaba un trabajo mejor y esto mismo me parece perfecto... son argumentos más que válidos. Si cualquiera de estos argumentos describe tu situación, probablemente estés en coherencia con lo que deseas. Pero piensa que el argumento ha de ser real y no un autoengaño para ocultar algo que no queremos ver de nosotros mismos. Si después de hacer examen de intenciones tus argumentos se mantienen, sigue adelante y a tope.

¿Qué ocurre si descubrimos que de algún modo estamos haciendo algo que no queremos?¿Qué pasa después?. Tranquilo, el mero hecho de haberte descubierto saboteándote a ti mismo no supone el fin. Al principio asusta y deja un vacío. Es como si se hubiera perdido el norte por completo. Aunque no es un problema; si te has descubierto llevando un camino que no deberías, se abrirá una nueva puerta; necesitarás tiempo.

No necesariamente tienes que dejar de opositar, ni siquiera se supone que debes cambiar de oposición. Podrán ocurrir dos cosas: una de ellas sería que quisieras dejarlo y dedicarte a otra oposición diferente. Y la otra sería que descubras que en realidad sí que querías hacerlo.

Si al final has descubierto que lo que estás haciendo es mejor para ti, las cosas serán muy diferentes. Porque a pesar de ser las mismas acciones, tú ya no serás el mismo. No estarás sintiéndote frustrado cada vez que te pongas a estudiar. Puede parecer una pérdida de tiempo el mero hecho de haberse planteado las causas de estudiar una oposición; sobre todo si la resultante es que decides seguir estudiando.

Pero; tanto si has decidido estudiar otra oposición diferente como si has decidido seguir con la misma; a partir de ese momento no tendrás ninguna parte de ti que te empuje en dirección contraria. Ahora crees en lo que haces y notarás que estás estudiando porque tú lo quieres, tendrás en tu interior la sensación de haber elegido realmente. Si has alcanzado el estado de hacer esto porque es bueno para ti, notarás que tus resultados son muy diferentes a los que obtenías antes, aunque estés estudiando el mismo temario. Tu concentración subirá y tu velocidad de aprendizaje será muy diferente. Estarás en sintonía contigo mismo por fin. En definitiva, habrás recuperado la coherencia interna.

Pasarse unos días haciendo examen de conciencia, puede parecer inútil; pero es muchísimo más productivo de lo que parece. Salvo un caso muy excepcional en el que se te eche el tiempo encima realmente; es muy recomendable tomar conciencia de los deseos más profundos. Cuando se inicia el proceso de estudiar una oposición, se hace como una especie de automatismo. A veces, la oposición no es más que "lo que viene después de la carrera" (idea muy habitual si estás muy acostumbrado a estudiar).

Otras veces la oposición es la opinión de todas las personas que te rodean. A pesar de que estés de acuerdo con la opinión de esas personas; estudiar se te va a hacer mucho más difícil si lo haces creyendo que las estás obedeciendo.

Para estudiar la oposición, ayuda mucho saber que realmente lo has querido de ese modo. Piensa que mientras mantengas en tu interior la sensación de estar haciendo lo que no deberías, estudiar será tan incómodo como correr con mochila. Así que, después de simplificar las cosas, te sentirás más ligero. Habrás dejado por fin la mochila en el suelo para seguir corriendo; si cabe, más rápido todavía.


## Tu ambiente

*"Como no sabía que era imposible, lo hice" - Albert Einstein.*


Una vez metido en tarea, con el paso del tiempo tu ambiente va a cambiar bastante. Bien estés estudiando por libre, bien tengas un preparador personal o estés en una academia; tendrás cambios significativos en tu ambiente.

Cualquiera de las opciones es buena, tienes que buscar aquella que mejor se adapte a tus capacidades. Yo pienso que tener un sitio donde puedes aprovechar la experiencia del profesorado es bastante bueno. Allana bastante el camino y te libera del problema de tener que buscar apuntes y exámenes anteriores. Por supuesto estoy dando por hecho que la academia (o preparador) merecen la pena. Puede ser que encuentres alguna en la cual los apuntes no son de calidad, y el temario no esté actualizado. Suponiendo que se está en una academia buena, nuestras preocupaciones bajarán bastante, y podremos dedicarnos al estudio en sí mismo. Nos habremos liberado de la tiranía de tener que buscar documentos continuamente, y podremos utilizar ese tiempo para estudiar o hacer el gamba.

Sin embargo, enfrentarse a la situación de estar matriculado en una academia puede ser dura en sí misma. El problema no es tanto el esfuerzo de tener que acudir para aprender, para mí el mayor problema ha sido tener que verme allí dentro.

En una academia es bastante normal que te encuentres un ambiente de desidia. No será raro que tengas que tener de compañeros a "opositores profesionales". Esta gente se suele caracterizar por estar completamente integrada en el mundo de las oposiciones. Son personas que llevan mucho tiempo allí metidas, conocen a los profesores y de algún modo se sienten como en casa. Sus únicos temas de conversación suelen ser: oposiciones.

Los reconocerás enseguida porque tienden a hacer bromas con contenido negativo de la oposición. Por ejemplo: "en el examen de no se qué oposición en no se qué año pusieron ésta pregunta (pregunta dificilísima que roza el surrealismo)". A simple vista, pueden parecer personas con un gran sentido del humor y que llevan la oposición con mucha filosofía y alegría. Parece incluso que es la gente que mejor preparada está para esto, pero con el paso del tiempo te darás cuenta de que casi todos sus chistes se basan en este tipo de temas y únicamente basados en fundamentos negativos: pocas plazas, muy difícil, errores descomunales...

Y también te sorprenderá el hecho de que suelen hacer comentarios incluso de oposiciones a las que no se han presentado. Si nunca has estado en una academia, estarás pensando "Eso es imposible, ¿cómo van a quejarse de exámenes que no han hecho siquiera?". No es tan raro, cuando te veas metido en el ambiente empezarás a verlo con el paso del tiempo. Además, hoy en día con los tiempos de Google, para ellos es mucho más fácil encontrar material con el que descontentarse.

No será raro tener la tentación de hacer grupo, para ser más fuertes y apoyarse mutuamente. Puede ser que hasta quieran juntarse en salas de estudio o bibliotecas porque así estudian "mejor". Pero muchas veces el resultado es, que más que sumar fuerzas; las restan. El estudio puede llegar a acabar convirtiéndose en lo que estamos intentando evitar. Estudias con la misma sensación que si estuvieses comiendo costillas asadas después de un banquete de boda. Y para "descansar" y "desconectar" de la oposición; puedes acercarte a una cafetería a fumar y tomar café y contarle a la gente lo difícil que es lo que estás estudiando y lo superfácil que era aprobar antes una oposición.

*Nota del autor: obviamente esto no es recomendable.*

Cuidado con este ambiente. Si te sumerges demasiado, no será raro que tu ánimo vaya decayendo poco a poco hasta que llegue un momento que descubras en ti mismo rasgos de opositor profesional. Por supuesto que puedes permitirte el lujo de quejarte a veces, y contar con tu gente para que te apoye. Pero crear reuniones para ver quién encuentra la manera de decir la frase más deprimente posible; te va a hundir bien profundo.

Cuanto más asqueado estés, más te costará aprender. Y cuanto más te cueste aprender, más asqueado estarás y más te quejarás. Es una tendencia muy contagiosa y difícil de frenar, vas a tener que moverte con tiento.

Como no te tendrás más remedio que convivir con esto, deberías aprender a blindarte. Eso no quiere decir que te vuelvas misántropo ni parecido. Ni siquiera te sugiero el hecho de que no vayas con ellos a estudiar. Pero deberás estar más atento de lo habitual a las cosas que escuches o hagas.

El decidirte a preparar una oposición te puede dejar márgenes reducidos de tiempo. Como este tiempo no está para malgastar, no lo emplees en algo que te va a hacer sentir peor. Es muy difícil frenar una tendencia negativa, y para ello hace falta muchas dosis de buen humor verdadero. Así que tienes dos opciones: participar en el grupo cediendo lo menos posible a la visión catastrofista y deprimente de éste. O apartarte de él.

Si al final tus fuerzas no son suficientes como para pertenecer a él, puede ser que te sientas algo frustrado. No te culpes, es bastante normal. Piensa que si la oposición te roba gran parte de tus energías, no te van a quedar demasiadas como para contrarrestar el efecto demoledor de un ambiente derrotista.

Mi criterio para saber si alguien era potencialmente peligroso para mi salud mental era este: si después de cierto tiempo no conseguía recordar a una persona sonriendo; malo. Y si aún por encima la recuerdo diciendo frecuentemente cosas negativas; peor.

No es que busque gente que se ría de todo y crea que todo es maravilloso (éstos más bien me dan miedo). Sino que las personas que son siempre negativas (subrayo "siempre") padecen de lo que se llama: "visión de túnel". Es un sesgo de la percepción hacia una característica en concreto de la realidad. Éstas por ejemplo tienden a buscar cosas malas en la vida, con lo cual a pesar de que su visión sea "realista" como suelen decir; están contemplando la parte real mala. La parcialidad no describe la realidad, a pesar de que ésta parte descrita sea cierta. No hay nada más nefasto que una verdad a medias, porque son difíciles de erradicar. Por ejemplo:

Supongamos que te pasas los meses de invierno en Londres (por decir algo). Cada vez que salgas a la calle verás que hace frío. Podrías formular lo siguiente: siempre que salgo a la calle hace frío, ¡qué frío hace en Londres!. Cuando vuelvas al año siguiente lo volverás a confirmar, y así seguidamente. Podrías creer que Londres es una ciudad necesariamente fría, sin opción al tiempo soleado.

A pesar de que el ejemplo es un poco simple, es representativo para lo que quiero exponer. Cuando algo se describe de manera parcial pero a pesar de ello correcta en parte, provoca que el planteamiento tienda a mantenerse. En el ejemplo, cada vez que vayas a esa ciudad confirmarás tu teoría. Cuando te plantees el hecho de que podría ser que te estuvieras equivocando, volverás fielmente a tu antigua creencia. El haberlo comprobado reiteradamente (en tu caso: siempre que vas), te hará dudar de tu planteamiento alternativo.

Con lo cual, en este ambiente podrías acabar creyendo las premisas de manera dogmática. Este tipo de gente te expondrá hechos reales que te harán sentir mal. Y como estos hechos son reales, te será fácil creer en ellos e interiorizar la sensación de que todo está perdido.

Un planteamiento muy común en un ambiente de oposiciones es el siguiente: si te estás presentando a una oposición de pocas plazas y tienes a alguien negativo cerca, te dirá que es muy difícil, pues hay pocas plazas y como hay pocas plazas la gente va muy preparada.

Esto es cierto, pero ¿es suficientemente descriptivo? No es tan fácil de definir. Una persona de miras más amplias, quizás te comente que, a pesar de que la oposición tiene pocas plazas y vaya gente muy preparada, no implica que tengas menos opciones. En este caso, por ejemplo; la estadística es más fácil que juegue en tu favor que en tu contra. En una oposición tan dura, la gente está sometida a presiones muy fuertes, y mucha gente no tiene este planteamiento que tu estás aprendiendo a tener ahora. Muchos tendrán que luchar contra sus nervios y sus frustraciones. Su única baza será lo que sepan y punto.

Seguramente luches contra gente que solo ha estudiado a lo largo de su vida.

Pero ¿qué pasa si su salud se resiente en el momento del examen?¿Y si aparecen nervios? Cuando estás a estos niveles, muchos de los participantes tendrán un planteamiento mucho más estresante que los participantes de las típicas oposiciones que hacen "por probar". La sensación de que se lo están jugando todo es mucho más fuerte cuando se llega a estos extremos. Se suelte tener un planteamiento de la oposición se hace mucho más estricto y limitante. Al llevar mucho tiempo estudiando algo de manera tan intensa, se pierde la conciencia de que hay otras alternativas aparte de la oposición. El universo se reduce y se tiende a creer que todo estará perdido y que no hay alternativa; cuando realmente no es tan grave si se suspende (frustra, pero no mata). Imagínate el infierno personal que se puede llegar a vivir si llevas meses creyendo que no tienes otra alternativa salvo esa. Igual pensar de ese modo ayuda a concentrarse, pero genera mucho estrés. Y si esa situación de estrés se ha prolongado durante mucho tiempo, el desgaste físico y emocional puede provocar el desastre. En conclusión, de todas las personas que se presenten, no sería raro que alguna de ellas no llegue ni a aprobar el examen simplemente por, llamémosle, "casualidad".

Podemos mirarlo desde otra perspectiva también. Las oposiciones de bajo nivel, a veces tienen resultados más difíciles de alcanzar de lo que parecía en un principio. Es decir, que a pesar de ser un nivel bastante o muy bajo, el resultado es altísimo. No sería la primera vez que ocurre que los resultados de una oposición no son proporcionales a la dificultad teórica. Aunque haya muchas plazas, salen notas muy altas. ¿Por qué?

Cuando una oposición es de nivel de exigencia bajo, tiende a tener pocas preguntas. Y por ser de dificultad baja, se presenta mucha más gente. Hay oposiciones que reciben 30000 e incluso más exámenes. Reflexionemos por un momento; una oposición de tipo test, con 30000 personas que realizan el examen. Imagínate que un 10% hace el examen así: contesta a las que sabe, pero a las que no sabe lo hace al azar. Vale, un 10% son 3000 personas. Supongamos también que el examen dispone de 50 preguntas. ¿Cómo crees que serán los resultados del examen?. Supón que esas personas saben responder a 20 preguntas y contesta las 30 restantes al azar. ¿20 preguntas bien y 30 al azar en un grueso de 3000?. ¿Cuántos resultados buenos crees que aparecerán?. En este examen no sólo te enfrentás a la gente preparada; te estás enfrentando también contra resultados aleatorios.

Puede ocurrir que a pesar de ello el examen sea asequible; pero seguramente la dificultad resultante sea superior a la que debería tener si sólo tuviéramos en cuenta a la gente preparada.

Todo esto no quiere decir que las oposiciones más exigentes sean más fáciles que las menos exigentes; ni mucho menos. Quería mostrarte que los planteamientos no son cerrados, y estar escuchando únicamente argumentos negativos te va a hacer un flaco favor. Mucho cuidado con aquellas personas cuya única fuente de argumentación son los puntos negativos de la oposición.

Recibir de manera continuada comentarios negativos puede desestabilizar tu estado de ánimo y de paso tu coherencia interna (te hará creer que no puedes). Oír frecuentemente "observaciones" que te digan lo difícil que es aprobar una oposición acabará por convencerte de que es tan difícil que tú no podrás. Y ya sabes que creer en lo que haces es tan importante que estudiar muchas horas.

No pretendo que la idea sea dejar de lado a la gente negativa, al fin y al cabo no lo hacen por mal (al menos no la mayor parte de ellos). Lo hacen porque no consiguen ver las cosas de otra manera. Como no comprenden el mundo de otro modo, y de hecho les asusta ver que están equivocados o asustados; intentarán confirmar sus dudas por medio de los lamentos. De hecho si te fijas, cuando reciben por parte de su interlocutor una contestación también negativa sobre lo que están hablando, verás como si se sintiesen aliviados. Y volverán entonces con otro argumento malo.

Admitir que se tiene miedo es muy difícil, por lo que prácticamente tendrás un 100% de garantías de que te cruces con cosas así en tu transcurso. Hay que perdonarlos, y si se puede ayudarlos. Pero es bueno mantenerse apartado de esos ciclos de autodestrucción. Si te sobran energías como para ayudarlos, adelante.

Otra cosa que verás muy llamativa de estas personas que se quejan, es que ante algún tipo de respuesta del tipo positivo harán como si no se hubiese escuchado. Emitirán una respuesta demasiado breve como "ya", "pero eso sólo ocurrió esa vez", "no sé yo" y volverán rápidamente a su temática pesimista. Es como si estuviesen hipnotizados. Te dará la impresión de que no te escuchan en absoluto, y de hecho no lo harán.

En un ambiente opositor, es muy fácil que tengan convicciones firmes acerca de algo. Se retroalimentan entre ellos, y cuando tú pases a formar parte de ese universo, lo más normal es que acabes aceptando la "doctrina". Con lo que es muy difícil abordarlo desde ese contexto. La única manera de salir de ello sería desde una perspectiva externa. Pero tú eres un opositor más, y de algún modo también estarás preocupado por tu examen.

No pretendo que busques a personas que te digan que todo es fácil, porque sería el otro extremo. Pero sí que te alejes de todo aquello que más que animarte a seguir te quita las ganas. Sobre todo a aquel que robe tu alegría. No siempre va a ser fácil mantenerse contento en esta época, así que por la calidad de tu estudio; y por la calidad de tu vida, esquiva los golpes depresivos.

Yo pequé de opositor profesional un período de mi existencia, y además de haberse convertido en una época aburridísima; era muy difícil conseguir aprender conceptos en ese período. Mi necesidad de estudio se había multiplicado por 3. Necesitaba el triple de tiempo del que necesitaba antes para aprender.

Ese es el motivo por el cual, esta parte comienza con la frase de Albert Einstein. Porque si evitas que te convenzan de que no podrás; podrás continuar. Si dejas crecer esa idea en tu interior, se acabó.

# 4. El descanso

Todo el mundo sabe que es muy importante el descanso. Eso no lo vamos a discutir. Los efectos de la falta de sueño pueden llegar a ser nefastos; la privación de sueño está relacionada con diversos cambios adversos de la actividad metabólica: aumentan los niveles de cortisol en sangre(una hormona implicada en la respuesta al estrés), la respuesta inmune se ve afectada, disminuye la capacidad del organismo de procesar glucosa y el control del apetito se altera. Además, la falta de sueño afecta muy seriamente al cerebro y nos hace más propensos a las depresiones y a las enfermedades mentales. Ésto explicaría por qué en la sociedad de hoy en día se están dando tantos casos de desórdenes emocionales.

Con fundamentos científicos en la mano o sin ellos, sabemos que necesitamos descansar y dormir.

Cuando estás en una oposición, es normal verse sometido a la tiranía del tiempo. Se tiende a buscar excusas para no descansar, y esto es un tema bastante

1. Te encuentras justo de tiempo porque no has estudiado lo suficiente.

2. Decides sacrificar tiempo de descanso para estudiar.

3. Al día siguiente estás mas cansado y te cuesta más estudiar. Entonces...

delicado, porque se puede convertir una cadena que se retroalimenta. La cadena se establecería así:

Una vez te has metido en esa dinámica, te costará bastante salir de ella, pues al fin y al cabo tienes que estudiar y aprender cosas. El problema no es sólo que no aprendas y que te encuentres más cansado de la cuenta; el problema es que actuar así te generará ansiedad. Al ver que no aprendes como deberías y forzarte para remediarlo hará que te sientas bastante nervioso.

Cuando surge la idea de descansar, no sería raro que te surgiese sentimiento de culpabilidad. Es importante ser responsable; pero no siempre se hace bien. Hay que saber distinguir la diferencia entre ser responsable y forzarse demasiado.

Una persona irresponsable abandona el estudio a los cinco minutos. Pero hacer exactamente lo contrario no te va a convertir en responsable. Forzarte más de la cuenta en contra de tu salud o calidad de estudio no te va a hacer mejor estudiante.

Puede ser, que más de una vez tengas la tentación de holgazanear y te hayas forzado a continuar. Eso está bien hecho. Pero si has llegado al extremo de estar cansado, verte allí delante de los libros después de haberte esforzado mucho; puede hacer que la cosa empeore. Como ya viste en la cadena, estar hoy cansado, forzarse a seguir, para mañana seguir más cansado todavía; creará una dinámica insostenible. Como estás cansado, te cuesta más aprender, y entonces el sentimiento de culpabilidad de no estar aprendiendo lo suficiente te embarga. Con lo que te vuelves a forzar a estudiar más de la cuenta. Y al día siguiente, vuelta a empezar. Estás cansado e intentas remediarlo castigándote más.

El estudio de esta manera puede llegar a ser muy cruel. El malestar crecerá con el tiempo, y puede provocar que además de estar cansado, tengas que luchar contra un estado de ánimo empeorado. No te conviene.

Como siempre has de encontrar el punto medio. No se trata de holgazanear todo el día ni de dormir 15 horas al día. Pero quedarte hasta tarde, o retos como no permitirte el recuperarte bien de una enfermedad para seguir estudiando, es un trato que quizás no te merezcas. Además, posiblemente tardes más todavía en recuperarte de tu enfermedad.

## El estrés

Se oyen muchas historias acerca de gente que se muere después de un suceso muy triste en su vida. O que después de algún suceso muy difícil su salud empeoró notablemente. Probablemente haya sucedido algo semejante en un entorno más o menso cercano al tuyo.

Sin embargo, hasta hace muy poco esto se consideraba casualidad o se le restaba importancia. La psicología, o si no queremos verlo como tal, la integración entre los estados emocionales con la salud del individuo era algo que no se tenía mucho en cuenta.

Hace pocos años, un grupo de cardiólogos y psiquiatras estudiaron estos acontecimientos. Hicieron el descubrimiento de que el estrés es un factor más importante incluso que el tabaquismo para el padecimiento de enfermedades del corazón.

También no hace demasiado, se creía que sólo durante los primeros años de vida de una persona se generaban las neuronas. Sin embargo, en los últimos años se ha descubierto que el cerebro de un adulto sigue generando neuronas. A este proceso se le llama neurogénesis.

El hecho de que en la edad adulta se sigan creando neuronas nos deja dos cosas en las que pensar: la primera, que si creías que era demasiado tarde para ponerte a esto, a lo mejor te estás equivocando. Y la segunda, que en los últimos años se ha descubierto que el estrés inhibe el desarrollo de estas neuronas. Vamos, que estudiando mucho te puede hacer más tonto.

*Nota del autor (y otra vez): ha sido una broma. Que nadie se ofenda.*

Para ver por qué el estrés no te conviene vamos a ver las consecuencias que más se relacionan con el estudio:

- Apatía e indiferencia: seguro que con estos estados de ánimo es dificilísimo estudiar.

- Depresión, fatiga mental y poca fluidez de pensamiento: si no tenemos nuestra capacidad cognitiva de nuestra parte, entonces en vez de estudiar estaremos leyendo (o ni eso).

- Preocupaciones e ideas intrusivas: si querías concentrarte en el temario, ahora si que lo tienes claro...

- El estrés sufrido de una manera muy continuada provoca que se liberen sustancias que puedan dañar nuestros tejidos, pudiendo dar pie a diversas enfermedades. Esto tampoco mola.

Cuando hace poco mencionaba lo nefasto que era estudiar cansado, ahora tienes los datos concretos para observar qué difícil es estudiar en estas condiciones. Y no sólo es que sea difícil; el problema es seguir estudiando y empeorar la situación.

Una persona que haya estudiado duramente y metódicamente sin piedad a lo largo de su vida, probablemente; si leyese que el descanso es importante, le restaría importancia. Sé que en una oposición es una "tentación" abocarse al martirio personal. Pero si rozas extremos, dejará de funcionar. Si caes en el estrés y empiezas a manifestar estos síntomas, bajarán tu calidad de estudio. Y el seguir estudiando no hará que el estrés merme, por lo que estudiar de ahí en adelante se hará más difícil de lo que debería.

Piensa que el día empieza después de la noche, todo es continuo. Y piensa que el estudio es lo que viene después del descanso. No son dimensiones aparte. Si te sientes culpable por ponerte a descansar, ya tienes otra forma de abordarlo. Piensa que descansando estas afilando la sierra para volver a cortar troncos otra vez. Si hasta ahora te costaba dejar los libros por un ratito, ya sabes que puedes permitirte el lujo. Al fin y al cabo, es por tu bien; por tu salud y por el bien de tu oposición.

## El deporte

Nunca conocí un método mejor para quedarme tranquilo que el deporte. Sobre todo si éste se basa en jugar a algo. Los deportes de machacarse, también están bien; pero yo creo que es mucho más divertido y distrae más jugar a algo; tenis, baloncesto...cualquier cosa vale. Aunque lo hagas mal.

Salir de estudiar para ponerse a pensar en lo que te queda por estudiar mientras mueves una pesa, puede aportar una pequeña tregua; pero no te liberará del todo de la carga emocional negativa.

A pesar de todo, cualquier deporte es bueno. Si hacer pesas, ir a correr tú solo o cualquier otro que no suponga un juego es tu deporte favorito, también sirve. Pero cuidado con el ensimismamiento en la oposición. Hay que evitarlo a toda costa, recuerda a qué has ido.

Siempre me llamó la atención que la gente de mediana edad tiende a ser más bien muy seria y poco alegre. Y lo que más me llamó la atención es que aquellos que conseguían mantenerse alegres, la mayor parte de ellos practicaban deporte de algún modo. No me refiero a que tuvieran un cuerpo 10, ni que estuvieran todos los días yendo a correr o algo semejante. Pero sí que practicaban algo de vez en cuando. Puede ser que tu también conozcas a alguno de éstos. ¿Conoces a alguien jovial?¿Hace algo de deporte?

Hay muchos beneficios del deporte. Dependiendo de lo que hagas, mejorarás tu capacidad respiratoria, tu corazón, tu elasticidad, tu fuerza...Además también provoca un aumento de la autoestima y la tolerancia al estrés. Y quizás el más trascendente de todos ellos para nosotros es que aumenta la capacidad de concentración.

Es decir, si éstos son los beneficios del deporte; y dejas de estudiar para nadar un poco (o cualquier otra variante); ¿estarías siendo irresponsable?

## La meditación

La meditación siempre ha tenido un aspecto como oscuro u ocultista. Además, mucha gente se ha aprovechado de ella de manera sectaria. No soy un experto en meditación, pero si que es cierto que me gustaría contar algunas cosas acerca de ella.

El miedo que despierta, o la desconfianza se debe al mal uso que se ha hecho de ella. En parte no me extraña que se haga uno reticente a hablar o escuchar este tema. Me parece bastante normal la desconfianza e incluso aceptable; pero voy a explicar por qué a mi no me parece tan potencialmente peligrosa.

El primer punto por el cual parece algo extraño es el hecho de que durante muchos años se vinculó a religiones y tradiciones religiosas o espirituales. La meditación es una práctica que proviene de oriente, pero que se vincule a la religión no lo transforma en algo potencialmente malo.

Si nos fijamos en Occidente, la mayor parte de las obras artísticas de calidad u obras que representan su cultura; también están vinculadas a la religión.

Europa, por ejemplo; tiene muchísima arquitectura de una belleza impresionante. ¿Qué edificio hay más religioso que una catedral? Yo no profeso ningún tipo de religión y no por ello opino que las catedrales o iglesias no son bonitas o incluso sorprendentes. La religión siempre estuvo presente en la historia de la humanidad; y tuvo sus cosas buenas.

Cuando una persona prefiere mantenerse en el planteamiento agnóstico, entonces es normal que algo que tenga un aspecto religioso le parezca algo rechazable. Es bastante normal que a priori se vea como algo para rechazar.

Otro motivo por el cual la meditación parece algo mágico es el grado de obsesión que llegan ciertos grupos a utilizarla. No es la solución de todos los males, ni muchísimo menos. Además, es un ejercicio; nada más que eso. No te tienes que vestir de ninguna manera determinada, ni comenzar a adorar a dioses o utilizar frases que bendigan cosas.

*Nota del autor: a eso le llamo yo el pack de ideas. Puede gustarte el rap y puedes detestar la ropa ancha. También puedes oír heavy metal y no tener el pelo largo y odiar la ropa negra. ¿Cuál es la necesidad de recoger todo lo de una ideología o patrón? Eso es sectarismo.*

Por ese motivo genera bastante desconfianza. Mucha gente lo utiliza como un refugio donde el que esconderse, o para sentirse integrado en algún grupo; y por eso acepta todo lo relacionado con ese sector.

Meditar no tiene nada que ver con ningún dios, ni con ninguna ropa. Si lo utilizaron así en su momento, estupendo; yo lo respeto. Del mismo modo que me parece estupendo que alguien crea en el Dios cristiano.

Lo único que quiero hacer ver es que las cosas no son incompatibles entre sí; ni que una anula a la otra. Las religiones simplemente intentan encontrar una causa, y las ciencias simplemente describen las realidades. Así de simple. La religión intenta buscar el porqué y la ciencia intenta contar el cómo. No hay mucho más. Las matemáticas dicen como funcionan las cosas, y las religiones dicen por qué un Dios creo las cosas de ese modo.

*Nota del autor: como siempre yo busco estar en el medio. No busco ofender a nadie.*

De hecho, en Internet verás muchos grupos que meditan, y a la vez activan chakras; canalizan tu energía, se comunican con el más allá, leen las cartas del tarot, creen en astrología y de algún modo ven el futuro. ¿No serán muchas cosas?. La confusión es enorme, ¿por qué tiene que ocurrir todo a la vez?. Ni caso.

Podríamos decir que meditar sería en el mundo moderno como si un arquitecto decide diseñar un edificio de oficinas con arcos utilizados en catedrales. No hay que darle un sentido religioso si no se quiere.

Y muchísimo menos darle un sentido mágico. Además la magia no existe. Lo que en un siglo es magia al siguiente es ciencia. Piensa en la cantidad de cosas que asustaban a las personas hace tan sólo un siglo y que nosotrs ahroa tenemos como algo normal. Si le pusieras la televisión a tu tatarabuelo seguramente tendría miedo.

El siguiente motivo por el cual la meditación da desconfianza es porque se aprovecharon de ella muchas sectas. De ese modo, hace parecer que es algo incompatible con la propia religión de uno o simplemente con unos valores agnósticos o ateos.

Sin embargo, si pensamos en una secta con claridad no es más que la utilización de una idea para obtener un movimiento ideológico sistematizado. Cuando alguien piensa en secta se imagina cosas de dioses y gente que realiza rituales, pero no es tan así. Las sectas simplemente se apoyaron mucho en las religiones (o se inventaban unas nuevas) porque el vacío existencial es algo que a todo ser humano llega antes o después. Como este vacío proporciona mucha angustia, es más fácil de manejar a las personas; pues intentan evitarlo a toda costa o darle un sentido a sus vidas.

Además, las dudas filosóficas o religiosas suelen venir en épocas de crisis. Cuando todos los valores se han derrumbado o hay algo que te provoca malestar. Seguramente cuando estabas montado en una montaña rusa no pensabas en el sentido de la vida. Y seguro que tampoco te acordabas mucho el día que estabas reunido con tus amigos. O la vez que te reías mucho.

¿Dirías que el fútbol es una secta? Probablemente no. Sin embargo en muchos lugares la gente se comporta con el mismo fanatismo con el fútbol que se comportaron en siglos anteriores con las religiones: machacando a todo aquel que no lleva los mismos símbolos que él. Se hacen celebraciones masificadas cuando un equipo gana algo, como si fuese un triunfo propio. La gente se abraza y todo el mundo se quiere a pesar de ser desconocidos entre sí. Se dan su apoyo por el simple hecho de llevar el mismo color de camiseta. Se ven representados por un grupo de personas que no conocen y probablemente jamás verán. Incluso se ven dispuestos a pelear o golpear otras que representan a personas que tampoco conocen.

¿Es por ello el fútbol una actividad sectaria?. No, es el uso que se hace de él. Lo mismo puede ocurrir con cualquier otro aspecto de nuestra sociedad: baloncesto, arte, escultura... La única diferencia es la intensidad con la que se ligan las personas a las ideologías. Pero de todo se puede hacer una secta.

La diferencia entre secta o no es si el "líder" se cree lo que dice o si simplemente sabe que lo está utilizando para sacar algún tipo de provecho.

*Nota del autor: y vuelvo al proverbio del principio del libro.*
*Es la única manera de ser libre.*

Meditar es un ejercicio de concentración con el que se aprende a centrarse en el momento presente. Además, se aprende a no darle tanta importancia a los pensamientos, pues se dejan fluir. Ésto es muy sano para gente que padece neurosis, o incluso para cualquier otra persona con las preocupaciones consideradas normales. Mucho sufrimiento o estrés es añadido al digamos "necesario". Lo alimentamos con nuestros propios pensamientos. A veces, las preocupaciones son tan importantes como creemos; pero otras veces (muchas), no lo son.

Meditar es un ejercicio que realizaron muchas personas que realizaban artes marciales. Les servía para conseguir una mayor coordinación , aumentar la calidad de los movimientos... Si eres deportista, igual ya has oído hablar de ello. Así que no saquemos las cosas de contexto; es un ejercicio.

Hay varios estudios médicos muy interesantes que hablan de la meditación. Incluso se está incorporando en muchos hospitales para mejorar la calidad de vida e incluso la capacidad de recuperación de los pacientes.

El científico alemán Hans Berger descubrió las ondas cerebrales y su relación con los estados de consciencia. El cerebro emite tenues impulsos eléctricos que pueden ser medidos mediante un electroencefalograma o EEG. Éste consiste en unos electrodos que se adhieren al cuero cabelludo del sujeto y unas plumas de tinta automáticas van trazando líneas sobre un rollo de papel giratorio.

Las ondas cerebrales que se manifiestan según la actividad cerebral son: alfa, beta, theta y delta. Beta es el estado de consciencia que se presenta en estado de vigilia. Surge cuando el pensamiento está orientado hacia el mundo externo. Alfa, son las ondas cerebrales que se obtienen en estado de relajación. En este estado surge la creatividad y la resolución de conflictos. Después están las delta y theta que están relacionadas con la somnolencia o el sueño profundo.

Estudios clínicos han comprobado que la meditación produce una disminución de la presión arterial. Se comprobó que los pacientes que habían aprendido meditación, conseguían reducir su presión arterial más del doble que aquellos pacientes que simplemente recibieron información acerca de cómo mejorar su salud mediante dieta adecuada y ejercicio físico.

También se demostró que la meditación ayuda a dormir mejor por la noche. En este estudio, en lugar de seleccionar a un grupo de personas que ya dormían bien, seleccionaron a un grupo de personas que padecían insomnio debido a estrés post-traumático. Los resultados fueron mucho más sorprendentes de lo que se esperaba. Mientras que los pacientes del grupo de control fueron empeorando con el paso del tiempo, los que practicaban meditación mostraron grandes signos de mejoría. El estudio se llevo a cabo durante cuatro meses para conseguir mayor autenticidad.

A las personas que se sometieron al estudio se les preguntó acerca de su trabajo antes de aprender a meditar y unos meses después. Las respuestas fueron considerablemente mejores después del estudio.

La meditación, además de combatir el estrés y la depresión; también potencia el sistema inmunológico. Se hizo un estudio en el cual se miraba la reacción del sistema inmunológico en voluntarios inoculándoles el virus de la gripe. Aquellos que meditaban, disponían de unas defensas más fuertes que atacaban con más fiereza a los virus.

Después de ver tantos beneficios, parece que la meditación es la panacea. Tampoco creo que sea la cura de todos los males. Hay que tener en cuenta por ejemplo que la meditación ayuda a reducir el estrés, y sabemos que cuando estamos estresados tendemos a caer en vicios como fumar. Puede ser que los resultados no estén relacionados de manera directa en todos los aspectos. Sin embargo, de algún modo ayuda, así que es un buen factor para tener en cuenta.

Meditar al fin y al cabo es concentrarse en un momento presente. Un estudio realizado en la universidad de Harvard demostró que sólo se puede ser feliz cuando uno está concentrado en el presente.

El experimento, que se publicó en la revista Science; fue realizado sobre 4000 voluntarios. El experimento simplemente consistía en interrumpirlos por una llamada telefónica. Las que declararon ser más felices en el momento de la interrupción, por algún motivo, estaban plenamente concentradas en el momento presente; en algún tipo de actividad que les absorbía.

Los que menos felicidad atestiguaron fueron aquellos que se estaban dejando llevar por recuerdos del pasado o imaginaciones del futuro. Pero no tenían por qué ser recuerdos negativos. De los que estaban recordando momentos felices, gran parte de ellos experimentaba melancolía, soledad o vacío. Los que estaban a la expectativa de momentos felices sufrían de ansiedad o incertidumbre.

En muchos entornos hemos oído hablar de esto. No importa la corriente ideológica o incluso la religión que hablaba de ello. Jesucristo, Buda, Lao Tse... Incluso la máxima de Carpe Diem, que por desgracia se ha sobreinterpretado. El significado es "Atrapa el momento"; vivir al día. Pero no tiene nada que ver con vivir al límite, o no prever las consecuencias. Simplemente tiene que ver con aprovechar el momento presente; nada más. Ello no implica ni renunciar a la capacidad de planificar ni recordar, sino no dejar de lado lo que se está viviendo.

En resumen, este ejercicio no es más que un buen ejercicio para liberarse de estrés o preocupaciones. No debería ser algo para temer o para no tener en cuenta. Tampoco es algo imprescindible, como cualquier cosa de la que se hablará en este libro.

# 5. Los horarios

Para oposítar es bastante recomendable tener un horario. Supongo que no debería comentar mucho acerca de ésto. La mayor parte de los opositores cumplen ésto a rajatabla. Aunque eso también puede suponer un problema.

A la hora de asumir un horario, tienes las dos vertientes. Como siempre, la más recomendable es la del medio. Tener un horario es bastante importante, no sólo porque te ayuda a ser disciplinado; sino también porque tu cuerpo necesita una cierta regularidad.

Alterar los horarios supone cambiar todos los ritmos biológicos, y conlleva un déficit de atención e incluso puede mermar tu capacidad de aprendizaje. Si por ejemplo un día trasnochas demasiado, al día siguiente tu cuerpo se estará ajustando a un nuevo horario. Tendrás hambre a destiempo, y cuando se suponía que deberías comer, no tendrás hambre ninguna. Además, tendrás cansancio a destiempo.

Alterar los horarios no es demasiado buena alternativa. Es bueno llevar un cierto orden, pues si haces las cosas anárquicamente, puede ocurrir que tu estudio no sea tan efectivo como querías.

Sin embargo, el extremo opuesto tampoco te conviene. A las 10:00 te pones a estudiar y a la 13:00 descanso. Después reanudas a la 13:30 y a las 14:00 repaso para comer... Ésto es una paranoia. Más que un horario es un truco para hacerte sentir que eres la bomba y lo estás haciendo superbien.

No se trata de ser indisciplinado, pero disponer de un horario con todo medido al detalle no sirve de nada. Es la falacia del mundo de ahora. Todo se ha sistematizado, y todos los días parecen el mismo. Nos levantamos a la misma hora para ir siempre al mismo lugar a realizar probablemente la misma acción de siempre o alguna muy parecida.

Pero aunque lo parezca, ningún día es exactamente igual al anterior. Es más, te propongo el reto de que intentes que tu día siga siendo exactamente al anterior. Pon todos tus medios necesarios, y a pesar de ello, tus sensaciones, tus pensamientos e incluso en el mundo exterior serán diferentes al día anterior.

Esto es así. Asúmelo de esta manera. Los días se parecen entre sí. Y los horarios están bien. Pero no son para hacer que los días se parezcan entre sí. Son para aportarte beneficios. Si un día estás más cansado que el día anterior no ocurre nada. Si otro día aprendes más rápido que el día anterior, puedes irte antes de estudiar o quedarte para amortizar que el otro día te estuviste tocando la barriga.

Suena tu teléfono. Hace un día estupendo, tú ni siquiera sabes qué día va a ser el examen; y seguramente sea dentro de mucho. La llamada es de un amigo que te dice que si vais a dar un paseo. ¿Sucumbirías a la tiranía de un horario que, lo peor de todo; es que te has autoimpuesto tú?

Claro que no debes engancharte en todas las zarzas que te encuentres en el camino. Pero tu horario puedes flexibilizarlo. Puedes adecuarlo a tus necesidades de ese momento. Seguramente el día que hiciste el horario no se parecía en nada al día que estás viviendo ahora. Los horarios son buenos para mantener algo de coherencia; para la disciplina; y para hacer que tu cuerpo funcione mucho mejor en todos los aspectos y el estudio sea muy efectivo. Pero los horarios son en sí mismos una mentira. Son establecidos en un momento de tu vida dando por entendido que siempre vas a tener las mismas necesidades, capacidades, habilidades, sentimientos...

Por poner un ejemplo de miles que se me ocurren en este momento: cuando lleves un tiempo estudiando, y si has revisado mucho tu método; puede ocurrir que quizás hayas encontrado un modo de aprender rápidamente. Podrías aumentar un poco entonces el tiempo que pasas con tus amigos.

También puede ocurrir que surja algo realmente importante que tendrías que atender. ¿Acaso tenías eso previsto en tu horario?. Hazte uno, pero no lo hagas para hacer de ti mismo un esclavo.

# 6. Disfruta aprendiendo y aprenderás más

"Otro día más delante de esta cosa". Tu universo se está reduciendo a un fondo blanco con manchas negras por encima. Día tras día lo mismo: manchas negras sobre un fondo blanco. Hace muchos años, para ti, estas manchas se llamaban letras. Ahora ya no sabes ni lo que son.

La oposición te podrá suponer una indigestión de papeles. Puede que llegue un momento en que preferirías tener que comértelos a tener que estudiarlos. Seguramente en algunos momentos estudiar sea de los últimos planes que tienes en tu vida. De hecho puede ser que ni te apetezca, ni quieras, ni te guste. Es un asco.

¿Y quién te dijo que tenía que ser así?. No sería raro que hubieras vivido el planteamiento de que aprender consiste en meterse unas cosas en la cabeza para poder repetirlas como un papagayo. E incluso habrás estado integrado en un ambiente donde el que más aprende o el listo de la clase haya sido el que menos se divertía. Eso todo es un invento.

Ahora se cree que estudiar es un rollo, y que entonces tenemos que asumirlo así. "Es lo que hay". Aprende cosas y muérete del asco. Si estás asqueado entonces es que estás aprendiendo mucho. Ese es el gran problema.

Yo no creo en los sacrificios. Sí en el esfuerzo, pero no en los sacrificios. Piensa en algún músico de rock. Casi todos ellos no se han pasado la vida en universidades enlazando másters con doctorados. Lo más normal es que se haya pasado los días tocando y pasando de todo lo demás. Con el paso de los años acabó trabajando de músico, y vive de ello.

Pero ni siquiera tienes que pensar en alguien que se haya hecho rico; cualquiera que haya tenido una trayectoria como ésta sirve. Cualquiera que fue fiel a lo que le gustaba y simplemente lo hizo. Sin embargo, cuando se hable de él, no sería raro que oyeses: "tuvo suerte".

Pensemos en algún futbolista (por decir algo). A lo mejor no le gustaba ir a clase, ni lo hacía. Se pasaba el día jugando al fútbol. Al final, acaba viviendo del fútbol. "Otro que tuvo suerte". Sí, de acuerdo. Puede ser que sean profesiones a las cuales sea difícil llegar. Pero el resultado es el siguiente: llevan toda la vida haciendo lo que les da la gana y aún por encima ahora les pagan por ello.

Esto lo podemos aplicar a un pintor, a un escultor...a quien queramos. Pero ¿cuál es el sentido del sacrificio?. ¿Pasarse unos años haciendo algo que odiamos para conseguir un "beneficio" mayor?. No lo entiendo. ¿El futbolista puede divertirse y yo no?. Me niego.

Es muy difícil prever qué es lo correcto. La arquitectura por ejemplo es una carrera buenísima, y todo el mundo te la recomendaría. Sin embargo, la arquitectura se va a ver sometida mucho por las especulaciones de las inmobiliarias y los créditos de los bancos. Si en una época el sector de la construcción se ralentiza, habrá muchos arquitectos sin trabajo.

Claro que los casos que mencioné son casos más cerrados. Hay una proporción mucho más baja de futbolistas que de arquitectos. Pero necesitaba usar ese ejemplo porque es el que más envidias despierta.

Y quien dice arquitectos dice cualquier otra profesión. Todos van a estar sometidos de algún modo al azar. Así que al final todo va a depender más de cuánto llegues a flexibilizarte que de aquello que hayas escogido. El que haya dedicado mucho tiempo al fútbol, no sería raro que acabase de entrenador. Y si el fútbol le gusta, seguro que tampoco está muy descontento en ello.

Estudiar no ha de ser aburrido. Vale, sí. Hay que ceder algunas veces con cosas que no nos gustan. Pero me niego a creer que cada vez que tenga que aprender algo sea un asco.

De hecho no lo fue. Yo estudié la oposición con un buen amigo. Lo cierto es que al principio nos amargábamos. No nos gustaba nada y nos daba una pereza horrible. Además, no estábamos acostumbrados en absoluto a tener que aprender repitiendo las cosas simplemente porque sí. Y desgraciadamente las oposiciones tienden a ser muy de este modo.

Había un montón de gente que de algún modo era capaz de sentarse y quedarse mirando fijamente a un libro durante horas. Yo los envidiaba en cierta manera. No era capaz de estar tranquilo más de 1 hora seguida. Desconozco cómo se llega a tener esa capacidad; pues no he llegado a conseguirla. A lo mejor es una capacidad innata que se tiene, o es algo que se consigue entrenándolo desde pequeño. Quizás era gente a la que le gustaba el temario. A nosotros más bien nos importaba un pimiento y nos parecía muy desagradable.

A lo mejor no era capaz de estar así sentado porque no creía en ese método de estudio; y entonces me era imposible permanecer allí sintiendo creyendo que las cosas no tendrían que ser de ese modo.

Estudiábamos como podíamos. Íbamos a una sala de estudio y nos poníamos duramente a la tarea. Y allí estábamos. Rodeados de gente que de vez en cuando resoplaba de estrés; con esa cara que se tiene cuando llevas muchos días seguidos castigándote con los libros. Los muebles, eran grises o de colores que de algún modo te recordaban que allí no podías ir a divertirte. El aire estaba como cargado. Se respiraba bien, pero se notaba que no era aire libre. Atrapados en una jaula de cristal. Qué horror.

Así que eso no estaba hecho para nosotros. Cambiamos la sala de estudio por los jardines que había fuera. Al menos se respiraba bien. Si nos cansábamos de estudiar, caminábamos un poco al aire libre viendo césped y señores paseando sus perros o echándole pan a los patos. No era lo mismo. El silencio es muy importante si quieres concentrarte, pero un poco de sonido no es molesto. Decidimos cambiar el silencio sordo de la sala de estudio, por algo de sonido pero un mejor ambiente. Al menos, la sensación ya era diferente.

A pesar de todo, el temario seguía siendo un rollo. Había que cambiarlo. Pero no podíamos. Es una oposición, o te lo aprendes así o...¡vaya!. No hay más opciones. Sólo podíamos aprender eso así.

Como no podíamos cambiar el temario, decidimos cambiar la forma de estudiarlo. Nos costaba mucho leer algo para intentar recordarlo después. Y tener que estudiar temarios diferentes nos confundía mucho. Para explicarme: podíamos estudiar mucho de un temario A. Pero también necesitábamos estudiar de otros temarios B o C. Si de algún modo A y B se parecían; los conocimientos de A conseguíamos retenerlos más o menos. Pero cuando empezábamos con B, A se disipaba. Nos faltaba consolidar los conocimientos.

Así que convertimos aquello en un juego. Durante varios días, en vez de estudiar; nos dedicamos a crear algo a lo que después llamamos "El Supertest" (tenemos que registrar este nombre). ¿En que consistía el Supertest?. Consistía en un montón de tarjetas con preguntas hechas a mala idea. El objetivo era conseguir que el otro se confundiese.

Por ejemplo, si teníamos que aprender éstas dos cosas:

- Temario A: El club de golf tiene 3 miembros y se puede ir 2 días a la semana
- Temario B: El club de fútbol tiene 2 miembros y se puede ir 3 días al mes.

Una de las preguntas que escribiríamos en el Supertest sería así:

- ¿Cuántos días al mes se pueden ir al club de golf, 2 o 3?

Cuando te encuentras estudiando sólo el temario A, esto es más fácil de recordar. Pero cuando ya empiezas a estudiar el temario B, que tiene conceptos fáciles de confundir con los de A; recordar A es bastante difícil. Y si aún por encima te condicionan con las preguntas a no saber distinguir uno del otro, peor.

La pregunta está orientada de manera que parece que te pregunta algo de A, pero está relacionado con lo de B. Como ya has estudiado, el concepto "días al mes" te suena, y como sabes que A tenía un número, te encuentras más preocupado de intentar distinguir si eran 2 o 3. Porque el temario B también tenía el número 2 y 3 por alguna parte.

Las respuestas que nos salían en primera instancia eran sólo: 2 y 3; cuándo la respuesta correcta es:

- Ninguno, al club de golf sólo se van días A LA SEMANA.

Acto seguido, le recordábamos al otro cuántos eran, para que se lo aprendiese.

Para solucionar el problema de confundir unos temarios con otros, el supertest fue hecho de la siguiente manera:

Nos repartíamos el temario, cada uno se encargaba de uno. Entonces cada uno empezaba a mirarlo y de cada concepto que veía se inventaba una pregunta. La pregunta podía ser normal o a mala idea. Las preguntas las escribíamos en la primera columna de una hoja de cálculo.

*Nota del autor (ésta vez aclaratoria y no un chiste): por si no sabes qué es una hoja de cálculo, es un programa que tiene muchísimos cuadraditos. Es una tabla enorme con un montón de casillas en blanco. No diré el nombre de ningún programa en concreto, pero seguro que los tienes visto.*

Las respuestas a las preguntas las escribíamos en la segunda columna. Si la pregunta era hecha a mala idea, también anotábamos el por qué se confundía. Con qué otro concepto se confundía; para no tener que rebuscar después en los apuntes.

Para hacer esto más detallado, hacíamos las preguntas muy puntuales y muy desmenuzadas. Usando las premisas del ejemplo anterior habríamos hecho estas preguntas por ejemplo:

- Cuantos miembros tiene el campo de golf.
- Cuantos días a la semana se puede ir al campo de golf.
- Cuantos días al mes se puede ir al campo de golf. (Pregunta a mala idea)

Ésto da muchísimo trabajo, porque estás tecleando todo el rato lo mismo. Sin embargo una pregunta mala para nuestro método sería esta:

- ¿Cómo funciona el campo de golf? Miembros y días.

¿Por qué?. Voy a explicarlo. A pesar de acabar antes si haces las preguntas de este modo, no cumplía nuestro propósito. A nosotros nos costaba recordar las cosas así del tirón pues no estábamos acostumbrados a estudiar así. Además, nuestro propósito era intentar confundirnos. Sobre todo una vez ya lleváramos bastante temario mirado. Así que de esta manera la pregunta es bastante descriptiva y puntual.

Una vez acabamos (fue un trabajo de esclavos); teníamos un montón de preguntas. Pero todas estas preguntas eran consecutivas. Es decir; primero venían todas las del temario A; después las del temario B... Y todo en perfecto orden. Porque habíamos ido mirando los temarios de manera seguida (lógico, para no dejar nada sin hacer). Es decir, si el temario A, hablaba de conceptos del campo de golf, entonces teníamos todas las preguntas relacionadas con el campo de golf seguidas.

Así que esto estaba bastante bien, pero no nos iba a servir para lo que queríamos. Nos ayudaba bastante a estudiar, pero ocurría lo de siempre. Mezclábamos A con B. Así que se nos ocurrió hacer otra cosa:

Lo que hicimos a continuación fue utilizar la tercera columna de la hoja de cálculo. En ella generábamos un número aleatorio en toda la lista.

Lo que hicimo, aunque con muchísimas más preguntas de cada temario; tenía el siguiente aspecto:

| Columna 1 | Columna 2 | Columna 3 |
|---|---|---|
| Pregunta temario A | Respuesta | 0,2384903 |
| Pregunta temario A | Respuesta | 0,4332890 |
| Pregunta temario B | Respuesta | 0,8593590 |
| Pregunta temario B | Respuesta | 0,2384028 |
| Pregunta temario C | Respuesta | 0,6452903 |
| Pregunta temario C | Respuesta | 0,4321343 |
| Pregunta temario C | Respuesta | 0,2272980 |

Es decir, cientos de preguntas de temario A, cientos de temario B, cientos de C, de D...Y en el apartado Respuesta, habría la respuesta correspondiente. En el caso de que fuese una pregunta a mala idea, tendría aparte de la respuesta correcta el concepto con el cual se confundía.

La tercera columna tenía el número aleatorio generado. Una vez hecho esto, ordenamos las filas utilizando la tercera columna. Aquí era cuando el milagro ocurría. Ya teníamos todas las filas "barajadas" entre sí.

*Nota del autor: no se si se entiende bien esto. Para que tu lo entiendas, haz la prueba en un papel. Si ordenas las filas básandote en la columna de la derecha de todo, verás que te quedan en desorden. Podrías pensar que no hacía falta ordenar por la primera columna; pero de haberlo hecho así tendríamos todas las preguntas que empezasen por lo mismo seguidas. Es decir, habríamos tenido todas las que empezaban por "¿Cuántos días..." juntas. De esta manera teníamos todo perfectamente mezclado.*

Ahora las preguntas no estaban de manera consecutiva, no iban todas las de A juntas, después todas las de B juntas. Sino que ahora estaban mezcladas. Ahora si preguntabas la primera pregunta, y después la siguiente, el esfuerzo para tratar de recordarlo era mucho mayor. Y si aún por encima nos cruzábamos con una pregunta de esas que intentaban hacer que te confundieras, aprendíamos las cosas de manera más clara.

Entonces, una vez hecho esto, imprimíamos la tabla. Hacíamos como tarjetas de preguntas (en nuestro caso era un folio entero). Barajábamos los folios y los repartíamos. Y cada vez le hacíamos una pregunta al otro. Nos turnábamos, él me preguntaba a mi una e intentaba responderle. Si acertaba bien, si no; me decía la respuesta correcta. Después, le preguntaba yo a él la que tenía yo en mi folio. Después el a mi...nos alternábamos. De esta manera, no sólo aprendíamos cuando nos tocaba responder, sino por el mero hecho de tener que preguntarle al otro. E intentar pillarlo y hacer que se equivocase lo hacía bastante divertido y dinámico.

Además, ya no estábamos en la horrible sala de estudio. Estábamos en la hierba al aire libre. Los pajaritos cantaban...y nosotros jugábamos a nuestro juego extraño.

Estudiar ya no era tanto como estudiar, era una especie de concurso de preguntas. Lo cierto es que aprendí muchísimo más con este método que todos los días que nos habíamos dedicado anteriormente a leer, releer y volver a releer el denso temario.

Ahora lo que aprendíamos no era tan aburrido de estudiar. Y además de ser más o menos divertido, al estar los temarios mezclados se consolidaba todo muchísimo más. Si por algún casual, el orden de las preguntas nos hacía que aprendiésemos a responder con facilidad; entonces volvíamos a generar otro número aleatorio y volvíamos a ordenarlo por esa columna.

*Nota del autor: ese es el otro motivo por el cual es mejor usar un número aleatorio. Si te acostumbras mucho a las tarjetas, puede hacer que las aprendas simplemente por el orden en que salen.*

Por supuesto que también nos sentábamos a estudiar simplemente leyendo el temario. Pero ya no lo hacíamos tan frecuentemente. Prácticamente toda nuestra manera de estudiar se redujo a este juego. Si en una pregunta salía algo en lo que nos veíamos muy perdidos, entonces recurríamos a esa parte del temario y la estudiábamos un poco para pronto volver al método del Supertest. Nuestra idea era evitar lo más posible el ponernos a leer muchas veces lo mismo. Estudiábamos solo durante ciertos períodos, y si he de decir una distribución diría que sólo dedicamos un 15% de nuestro tiempo al estudio puro y duro de leer y releer.

Llegó un momento en que la oposición nos la tomamos de manera más relajada. Nos sentíamos en la obligación de saber las cosas, pero ya nos hacíamos bromas. Era un avance, estábamos contentos. A veces nos cachondeábamos de lo que nos habíamos pasado rebuscando la manera de hacer que el otro se confundiese; otras veces comentábamos lo difícil que nos parecía recordar según que cosas. Pero nuestras conversaciones eran diferentes. Cuando antes de tomar esa perspectiva habríamos dicho "Dios que difícil es esto"; decíamos "Siempre nos confundimos con X, tenemos que estar atentos".

El temario nos seguía pareciendo horrible, pero al menos estudiar era parecido a un juego. Por supuesto que tenía sus limitaciones, preferiríamos jugar al baloncesto.

Pero tampoco era horrible e insufrible, además, recurrimos al método del "menos es más". Sabíamos que no íbamos a pasarnos todo el día mortificados entre cosas que nos disgustaban, teníamos algunas horas aseguradas de diversión. Íbamos a jugar a algo de vez en cuando y eso nos hacía estar de mejor humor. Y no sólo eso. Además, el tiempo que pasábamos estudiando no era del todo aburrido, pues no era tanto de sentarse delante de un libro.

A día de hoy, ya casi no concibo el estudiar sin divertirse. O te divierte el temario, o te diviertes tú. Pero la tercera opción, la de odiar lo que estudias; no me parece sana. Aunque se consigan resultados.

No hablo de ser un crápula ni estoy recomendando irse a jugar a las tragaperras, o emborracharse hasta perder el conocimiento. Estoy hablando de hacer que esto sea divertido. ¿Qué tiene de malo?. Divertido nunca fue sinónimo de irresponsable, aunque a día de hoy sea una idea muy extendida.

*Nota del autor: si vas a recurrir al método del Supertest, me haría ilusión que hablases de este libro. A mi y a mi amigo Scharl Ippope nos gusta saber que hay por ahí gente que entiende la vida como nosotros.*

# 7. Amigos y familia

"No me merezco estar con mi familia, tengo que estudiar. Todavía no sé lo suficiente".

Aunque no sea lo que piensas en realidad, de algún modo es una perspectiva que puedes acabar cogiendo si no te das cuenta. Es la historia de siempre, pero aplicada a una dimensión diferente. Día tras día un objetivo en mente que se torna obsesivo puede hacer que olvides todo lo demás.

Los amigos y la familia te proporcionarán mucha tranquilidad. Sobre todo, si ninguno de ellos está estudiando una oposición. Te ayudarán a distraerte del día a día tedioso.

Estudiar te lleva al ensimismamiento con la oposición y si se prolonga mucho tiempo, al aislamiento. Si eres una persona sociable, la frustración no tardará en caer sobre ti. No es del todo sano borrar este aspecto de tu lista de prioridades. La tendencia a apartarse del mundo para estudiar suele ser la primera que se viene a la cabeza. Alejarte de personas que "te distraen". Y ese es precisamente el error; el no permitirse el distraerse.

¿Acaso es más sano dejar de estudiar para seguir pensando en lo que estuviste estudiando? Es una trampa bastante extendida. Se cree que la distracción es mala, pero no lo es en absoluto. Es recomendable. Si te pasas todo el día sin "distraerte" entonces alguna parte de ti empezará a pedirte socorro. Lo que ocurrirá sin prácticamente ninguna duda es que cuando estudies, todas las distracciones que no te permitiste empezaran en ese momento. Estás estudiando y cualquier cosa que leas te recordará algo relacionado con ello. Como hayas leído algo que tenga la palabra playa, ya te digo yo en donde estarás con la cabeza en ese momento.

*Nota del autor: sí, exactamente: en el bosque.*

Se tiende a pensar que haya personas que te distraen es malo. Es una idea bastante extendida que suele venir de la época de la escuela. Allí había alumnos "buenos" y alumnos "malos". Los malos eran aquellos que se pasaban todo el día jugando o en la calle haciendo el maleante. Probablemente, muchos de esos alumnos que se dedicaban a vaguear; les haya ido mal. Como siempre, no trato nunca de ponerme en el extremo opuesto. Sino de relativizar. Las personas que te distraen no son por definición malas.

Quizás a alguien le parezca raro esto. Pero es un comportamiento que puede darse en personas que siempre han estudiado con mucho ahínco. Puede haber gente que prefiera estar sola siempre, o que realmente necesite aislarse tanto. Pero tiende a ser una minoría. Si te estás recluyendo de esto, revisa tu horario. Quizás renunciar a otro tipo de descansos sea mejor que evitar éste.

Otra cosa importante cuando te reúnas con gente es tener bastante claro: no hablar de oposiciones; nunca.

*Nota del autor (egocéntricamente, yo yo yo y más yo): bueno, no nunca. Pero prácticamente nunca. Desahogarse es bueno, tampoco te tragues todo lo que tengas que contar.*

Pero intenta evitarlo lo más posible. ¿Los motivos?. El principal, que cuando se oposita se vuelve uno muy monotemático. Es decir: aburrido. Los aburrirás, y no se trata de eso. Además, otro motivo muy importante es que si te dedicas a hablar de la oposición; habrás llevado la oposición hasta el exterior. Eso no es en absoluto bueno. Te desgastarás mucho si cuanda no te encuentres estudianto, estés otra vez revisando lo que deberías hacer o cómo será el examen. Olvídalo; no ayuda mucho. Ya verás como tampoco es demasiado fácil mantener esta propuesta; otro reto más.

*Nota de                    (inserta ahí tu nombre. Modo egocéntrico desactivado): ¡Dios mío! ¿Pero cuántas cosas voy a tener que hacer?*

# 8. Estudiar no es leer

Claro que leer es parte del estudio, pero a veces necesitamos ampliar los horizontes del estudio en otros ámbitos. No me estoy refiriendo a las pruebas físicas, que por supuesto prepararlas no consigue en estudiar. Me refiero a otros aspectos que por lo que tengo visto poca gente prepara.

Las oposiciones en sí, tienden a evaluar los conocimientos, pero casi siempre hay un factor más añadido. Unas tienen márgenes de tiempo reducidos, a veces tanto que parece una contrarreloj. Otras oposiciones tienen una prueba (que yo jamás entenderé) que consiste en leer lo que has escrito delante de un tribunal. Si tu oposición no tiene prueba de leer, que sepas que las oposiciones en las que te mandan leer no son oposiciones para poeta. Hay bastantes que te fuerzan a ello.

Con respecto a lo que tengas que hacer, tendrás que prepararte unos métodos de entrenamiento u otros.

Por ejemplo si tienes examen en contra del tiempo, tendrás que entrenarte a hacer exámenes a toda mecha (preferiblemente ponte un intervalo de tiempo menor al que te van a exigir).

De lo que yo quiero hablar es de lo que se conoce como zona de confort. La zona de confort no es necesariamente un espacio físico. Es el conjunto de acciones, lugares, hábitos...que hacen que una persona se sienta segura y cómoda. Claro que es bueno vivir en lo que nos sentimos cómodos, pero a veces tendemos a limitar nuestra vida por el mero hecho de no enfrentarnos a incertidumbres.

Si has llevado una vida muy metódica hasta el momento, igual te interesa empezar a entrenarte para enfrentarte a situaciones que te asustan o ponen nervioso.

Cuando por ejemplo una persona tiene que leer lo que ha escrito ante un tribunal, o algo así, suele preparárselo en casa. Lo cierto es que no conozco un método mejor que ése. Pero lo ideal sería no limitarse a leer el texto a tus amigos, familiares y novio. Si llevas meses leyéndole textos (que probablemente aburran) a tus amigos, peluches y demás; ¿cómo te sentirás el día del examen?. Un sitio nuevo, caras largas hartas de escuchar algo que o bien no les importa; o si les importa son demasiado entusiastas como para que crean que lo que haces está bien hecho. Puede ser una situación incómoda.

De eso se trata. De que deje de serlo, e incluso si puedes; te divierta. Claro que esta última opción es bastante difícil de alcanzar, porque al fin y al cabo te estás jugando un puesto de trabajo. Aún así, es bueno aprender a sentirse cómodo en situaciones nuevas.

¿Cómo ampliar tu zona de confort?. Si eres una persona muy metódica, tengo una noticia que igual no te guste: vas a tener que "pasarlo mal". El objetivo va a ser forzarse a hacer cosas en las que te sientas incómodo. Es más, cuanto más, mejor (no roces el colapso tampoco).

Cuando empieces, lo pasarás al principio bastante mal, pero cuando te des cuenta, empezarás a encontrarlo bastante divertido (sé que ahora te cuesta verlo así, pero ya lo verás). Una vez metido en un ajo, cuando ya tienes algo de experiencia en ser espontáneo disfrutarás mucho de ver que eres capaz de verte allí y no perder la cabeza (al menos no del todo).

¿Qué puedes hacer para enfrentarte a lo desconocido/incómodo?. Bien, puedes inventarte cualquier cosa. Cualquier situación es buena siempre que te sientas nervioso. Yo voy a exponerte algunas situaciones para que pruebes alguna o darte inspiración para inventarte otras.

## El despistado: nivel fácil

Puedes probar a colarte en algún sitio que sepas que no deberías entrar. Obviamente no te metas en una embajada, me refiero a sitios como cuando ves una puerta en un restaurante que parece que lleva al baño pero es la cocina. O cuando vas a una catedral y hay una zona que no se puede pasar, pero no está señalizada.

Puede parecer una tontería, pero si no estás acostumbrado a ser espontáneo te va a costar bastante. Sobre todo porque en tu interior, aunque te estés disculpando cuando te pillen; sabes que lo has hecho adrede.

*Nota del autor: éste es mi favorito. No se por qué siempre he tenido la necesidad de saber qué hay en esos lugares donde se supone que no se puede pasar. Me cuelo y recurro a la siempre socorrida técnica del "Uy, perdone".*


## El galán: nivel medio

Puede parecer fácil, pero decirle un piropo a un desconocido no es tanto como parece. Sobre todo si eres hombre y se lo lanzas a otro hombre. Haz la prueba. Tendrás que tener cuidado con la forma en que lo dices, para que no parezca una insinuación. Es una cortesía, el reto es mayor de lo que parece.

Si te vas a lanzar a probar, te recomiendo que lo hagas como si fuera desinteresadamente. Tiene que sonar como que no importa demasiado o mucho. Si esto se te hace muy difícil, halaga algo de su ropa. Distingue bien el "cómo mola esa camiseta" de "qué bien te sienta esa camiseta". Lo segundo es una propuesta a todo color.

## El negociante: nivel medio

Esta alternativa de entrenamiento está entre mis preferidas. Al principio cuesta mucho hacerla, pero cuando la hagas notarás que te sientes mucho mejor contigo mismo.

Es muy sencilla, simplemente se trata de pedir algo en una tienda. Así a palo seco, creo que es imposible (al menos yo no me atrevo); pero si acabas de comprar algo tienes una "excusa" para hacerlo.

*Nota del autor (ya faltaba): no lo hagas con la típica tienda pequeñita que es muy humilde; los pobres no estarán para aún por encima regalar cosas. Me refiero a la típica multinacional o cadena que sabes que simplemente va a suponer que el empleado se salte un poco el protocolo. Por ejemplo que en un concesionario les pidas que te regalen un kit de herramientas y triángulos, o algo así. El tipo de tiendas que sabes que no les haces ningún daño pidiéndoles nada.*

Esta opción, si eres introvertido te va a parecer el K8 (a lo mejor hasta prefieres escalarlo que hacer ésto). Y si no eres introvertido, también puede ser que se te complique más de lo que pensabas. Si estás acostumbrado a tratar con la gente, quizás no te cueste nada. Pero si nunca has hecho algo parecido, te lo recomiendo. Además, te sorprenderá que la mayor parte de la gente no tiene mucho problema en hacerte el regalo.

*Nota de...mi, otra vez: tiene que ser divertido. Si no tienes don de gentes ninguno y le dices con cara seria "me regalas esa cosa de ahí por favor" probablemente el encargado se deprima. Si no has desarrollado nada nada la habilidad de relacionarte con gente que conociste hace apenas unos segundos; ni se te ocurra intentarlo. Este ejercicio te queda grande en este momento. No buscamos que le cojas miedo a las cosas y las abandones para siempre, o que te traumatices. Si eres introvertido mejor intenta mejorar tu capacidad de hablar con la gente. Para llegar a este nivel hace falta una base bastante sólida (innata o adquirida).*

## El caracol: nivel medio-alto

Éste fue uno de los últimos retos que se me ocurrió para acostumbrarme a estar en sitios en los que me siento incómodo. Lo curioso, es que a pesar de lo fácil que parece, a mi me cuesta bastante ejecutarlo.

Consiste en simplemente: caminar despacio. Sí, así de sencillo. Caminar despacio. Intenta ir por la calle caminando muy despacio. Tiene truco: tiene que ser solo. No puedes ir con nadie. Caminar despacio acompañado de alguien es realmente fácil si te gusta la charla.

Pero lo complicado es poder caminar lentamente por la calle tú solo. Por el medio de la ciudad. Comprobarás que se te hace bastante difícil de hacer. Además te darás cuenta de que la tendencia que tienes es a apurar el paso. Cuando te des cuenta, estarás caminando más rápido que como empezaste.

Este entrenamiento es bastante duro; por lo menos para mí. Yo lo que hago para que no se me haga tan complicado es llevar música puesta (cascos). Si eres capaz de hacerlo sin más, perfecto.

Este método no sólo te aportará calidad a la hora de enfrentarte a situaciones incómodas. También te proporcionará una visión nueva acerca de ti mismo. Parece muy filosófico; pero te darás cuenta de que la gente anda apresurada por la calle. Y te darás cuenta de que en ti mismo seguramente habitaba la tendencia a tener prisa por nada. Puede ser que quieras ir a casa, pero ¿cuál es el motivo para ahorrarse 4,5 o 6 minutos?. Puede ser que tengas una vida ajetreada; pero... ¿siempre necesitas caminar así de rápido?

Cuando digo caminar lento digo: realmente lento. No quiere decir más lento que tu ritmo habitual; sino bastante más lento. Tienes que ver cómo gente a la que sabías que adelantarías te adelanta a ti. No pretendo que vayas a un ritmo que haga que parezcas un loco. No. Te darás cuenta cuando pruebes, de a qué me refiero.

Notarás de hecho que algunas personas te mirarán extrañadas. Te mirarán como si algo raro te ocurriese. Ahí está la magia. Tú antes no te dabas cuenta de eso en ti mismo; pero la gente tiene prisa. Prisa por todo y por nada.

*Nota del autor (a pesar de que el libro lo escribí todo yo, hago notas de autor): Ojo, yo también me incluyo. Siempre que digo la gente, probablemente esté yo incluido. De hecho, como ya dije; me cuesta muchísimo esta labor. A pesar de lo tonta que me pareció en un principio.*

Seguramente mientras leas esto te parezca que exagero. Quizás hasta pienses que la gente que está lesionada camina despacio. Pero esa es la trampa. Tú sabes que caminan despacio porque están lesionadas y por eso se lo excusas. Cuando te enfrentes a ello, tú sabrás que no tienes excusa para caminar lento; y eso te va a pesar más de lo que parece.

¿Quieres probar? Nos vemos en la calle.

# El observador: nivel difícil

Este reto es bastante difícil de desarrollar, te darás cuenta si lo intentas. Consiste en mirar fijamente a los ojos a las personas y no apartar la vista, esperar a que lo haga él. Verás que lo normal será que te apartarán la vista y volverán a mirar un poco después para ver si sigues mirando. Si eres valiente, aguanta hasta esta segunda vez. (O incluso más).

Esta práctica es complicada, ten un poco de cuidado. Ni se te ocurra mirar muy fijamente a un macarra/drogadicto/loco o similar. E intenta no parecer un pirado, intenta no hacerlo de manera desafiante o amenazante. Éste método es bastante complicado, hay que tener mucho tiento para hacerlo.

Si quieres tener garantías de no meterte en problemas, mira a un niño pequeño o a alguien que no pueda plegarte como a una hamaca.

Si por cualquier casualidad la persona se molesta o te dice algo, no titubees; pregunta con total naturalidad y sonriendo algo como: "¿Tú y yo no jugábamos juntos al fútbol?".

*Nota del autor (¿por qué hago notas de autor?): decirle que jugabas con él o algo que refleje amistad o camaradería hará que baje la guardia inmediatamente y te dejará tranquilo.*
*Incluso hasta puedes llegar a caerle bien. Siempre y cuando no te hayas dedicado a observar al macarra del que te hablaba.*

## El extraterrestre: nivel maestro

Este reto consiste en hacer algo que atente contra toda lógica. Las opciones son miles. Una cosa que a mi me resulta muy divertida es caminar con los brazos estirados en horizontal. O llevar puesto algo que no tenga fundamento ninguno. El gorro que regalan los días de San Patricio es perfecto si lo llevas un día cualquiera. Puedes también pegar un grito súbitamente, o sentarte en el medio de la calle en un sitio muy concurrido. Quédate con total naturalidad, como si fuese algo que te apetecía realmente. Si tienes muchísimas narices mira a la gente desde el suelo, como si te diera igual. Al cabo de unos segundos, levántate y sigue tu camino.

Una forma de hacerlo sin mucho problema es cuando hagas un viaje con amigos. Te será más fácil soltarte. Si consigues hacerlo tú sólo porque sí, ya tienes el doctorado.

## Resultados de tu extraño entrenamiento

¿Qué vas a conseguir con todo ésto? Además de un montón de emociones y nervios, estarás aprendiendo a quitarle importancia a las situaciones. Si tienes que narrar tu obra maestra de examen en un tribunal, o si tienes que hacer alguna entrevista psicológica para algún cuerpo especial; te parecerá una auténtica tontería. Este entrenamiento es muy bueno para abordar los exámenes que se salen de lo convencional. Todos los que no sean de estudiar y escribir.

Podría ocurrir que aunque te hayas estado entrenando en salir de tu zona de confort; tengas nervios a la hora de alguno de esos exámenes especiales. Pero la situación será mucho menos tensa de lo que debería ser. Tendrás menos nervios de los que tendrías antes de haberte preparado, y además estarás acostumbrado a situaciones mucho más difíciles.

Una vez más estamos en lo de siempre. Si te enfrentas a un examen de un tipo determinado y lo único que haces es emular esa situación, mejorarás. Pero por mucho que te lo propongas, jamás podrás recrear el contexto en el que te verás involucrado. Así que aprender a estar incómodo no es tan raro.

Estoy seguro de que ésto hará que mejores mucho más de lo que en un principio ibas a conseguir. Como ves, no se trata de orientarte sólo a estudiar; sino de que mejores tus condiciones de ejecución.

*Nota del autor (insistentemente, yo): si por algún casual este libro llega a distribuirse a lo largo del país; preparaos para un ejército de personas haciendo cosas raras.*

# 9. La seguridad

Bien. La verdad es que esto no sé muy bien como hablar de ello. El sentirse seguro es algo que aparentemente se tiene de propio, aunque la realidad es que más bien que se obtiene.

El método exacto para sentirse seguro, la verdad lo desconozco. En mi opinión, la seguridad es un conjunto de actitudes y acciones. No creo que haya algo en concreto que te lleve a sentirte seguro en el examen. Más bien un global de factores hacen que mejore la sensación de seguridad en un sitio.

Una de las maneras para conseguir bastante seguridad, es saberse ver fuera de las zonas de confort. Aunque no se consiga estar cómodo, al menos haberse enfrentado a ellas y no temerlas demasiado. Haberse visto fuera de las zonas de confort seguro que te dará bastante pericia a la hora de sentirte tranquilo.

Aunque esto no es lo único. La seguridad también se consigue si no dejas volar demasiado la imaginación. Si tenemos el insano hábito de pensar todo lo malo que podría pasar, y mucho más; de una manera catastrofista será muy difícil sentirse bien y tranquilo.

Las personas inseguras, tienden a alimentar todos los males que ni siquiera existen. En este caso, el secreto está en no darle un valor superior al examen del que se le debería dar.

Si creemos que al suspender el examen todo estará perdido, que nos moriremos de hambre, que jamás encontraremos trabajo y que un dinosaurio nos va a ganar jugando al ajedrez, es normal que estemos asustados.

Pensar todo lo malo que podría pasarte si suspendes el examen o lo malo que sería tener que volver a estudiar lo convertirá en una situación difícil de manejar. El trabajo empieza antes de estar en el examen. Quieres aprobar, pero ten por seguro que no lo va a ser todo en la vida. De hecho, si crees que es lo único que vas a tener en la vida probablemente te estés equivocando.

Un suspenso en un examen es tan sólo un suspenso en un examen. Mucha gente encontró cosas buenas en la vida por el mero hecho de no haber aprobado en la universidad. O incluso no haber aprobado un examen.

No quiero decir con esto que suspender sea tu destino, ni que sea necesariamente bueno. Sino que no deja de ser un suspenso. Tan sólo eso. Tú quieres el aprobado, no le des más vueltas. Sí, puedes intentar convencerte de que no sabrías lo que hacer si suspendes. También puedes intentar ahora dilucidar qué es lo que harás cuando la luna explote.

Pero, ¿no estarías decidiendo antes de tiempo? ¿estás intentando decidir algo que a lo mejor nunca llega ni a existir? En la vida es bueno tener un plan B, pero créeme, en las oposiciones tampoco es algo tan estrictamente necesario. Ya se verá en ese momento.

Los intervalos de tiempo son demasiado largos, para qué preocuparse. Posiblemente, pase mucho tiempo desde que empieces a estudiar hasta que hagas el examen. También es posible que pase mucho tiempo entre un examen y el otro, o entre el examen y la publicación de las notas.

A lo mejor, si suspendes; en ese momento se convocan muchísimas plazas de una oposición parecidísima; o vete tú a saber qué otras puerta se abren en el horizonte. Piensa en cualquier intento de vaticinio que hayas hecho en el futuro. Piensa en el plan a más largo plazo que se te ocurrió. ¿Llegó siquiera a parecerse a lo que pensabas?

Evalúa tu capacidad de acertar el futuro. Seguro que a largo plazo, tus previsiones se torcieron bastante. La previsión es buena, pero el futuro es incierto. En tu caso, no te dediques a imaginarte las cosas malas que podrían pasar. No te va a aportar nada. Además, ¿por qué no pensar en las cosas buenas que podrían pasarte si no apruebas? Seguro que ese examen no es la única opción de tu vida.

Cuando uno se "convierte" en opositor, no es raro que pierda parte de su capacidad de improvisación. El mundo se vuelve una rutina tediosa durante una larga temporada. El único propósito es estudiar lo que tienes que estudiar. Así que recuerda que tienes capacidad de adaptarte. Que eso no va a ser lo único. Nunca lo fue. De hecho es una opción que has elegido de las múltiples que pudiste haber realizado. Así de fácil.

Y así de cierto.

# 10. Internet: las dos caras

Internet es uno de los mejores inventos de los que se puede aprovechar un opositor. Es una herramienta realmente potente para aprovechar cuando se está haciendo una oposición. Tiene la ventaja impresionante de que si por ejemplo no recuerdas dónde estaba un concepto en concreto, sólo tienes que buscarlo. No tienes que abrir y cerrar libros, ni visitar bibliotecas.

Imagínate ir a una biblioteca, coger un libro y hojearlo para buscar algo. Después darte cuenta de que eso que buscas no está ahí, y entonces coges otro y pierdes otra media o una hora buscando. Y a lo mejor tampoco está ahí. Usar ordenadores o Internet es altamente recomendable. El ahorro de tiempo es enorme.

También puedes consultar exámenes de otras convocatorias, o visitar webs muy buenas donde podrás encontrar todo el material que te haga falta ya reunido: exámenes, apuntes, convocatorias...

Otra cosa muy interesante de Internet es la participación en foros. Estar en un foro puede ayudarte bastante a localizar los documentos que necesitas, e incluso conocer otras personas.

En un foro puedes encontrar todo tipo de información; pero si hay algo que abunda en ellos son las personas que se dedican a difundir malas noticias. Gente en búsqueda de cosas deprimentes relacionadas con las oposiciones. De las artimañas de los exámenes o demás. La verdad, ir al ordenador para volver más nervioso de lo que podrías estar, no te compensa lo más mínimo.

Así que cuídate mucho de lo que puedas leer. Si ya es peligroso tener cerca a dos una persona que se queja, imagínate un recopilatorio de todas las quejas posibles de tu país reunidas en tu ordenador.

Internet es una sobredosis de información. Encontrarás todo tipo de cosas. Cosas buenas, cosas malas, cosas que te distraigan... Seguro que más de la mitad te sobra. A pesar de lo útil que es, puede convertirse en la excelencia de las pérdidas de tiempo. Mucho tiempo en el no es necesario, aunque lo parezca. Crees que estás informado, pero lo que más vas a obtener son cotilleos que no te aportarán nada.

También hay otra cosa que es un poco delicada a la hora de usar Internet. Alguna vez tengo visto en los foros comentarios que dicen: "Ahora para relajarnos un poco..." y hay un vínculo a cualquier cosa de Internet. Si sólo estudias una hora al día y el resto del tiempo lo tienes libre, entonces tampoco está del todo mal. Pero si no es así, piénsate mucho eso de "descansar" usando el ordenador. Seguramente te embote la cabeza ponerte a enredar en él después de estudiar mucho.

Seguro que no tienes mucho tiempo para dedicar a otras cosas. Plantéate el buscar una alternativa más sana que estar ahí metido. Además, el ordenador hará que te sientas más solo todavía. Pasas bastante tiempo estudiando y si el tiempo restante te enfrascas ahí, aunque estés "hablando" con otras personas, puede llevarte a una situación de aislamiento terrible.

Lo mismo daría si haces eso con la televisión. No es que estar en el ordenador, ni con la televisión, ni nada parecido sea malo. Simlemente, cuando estás estudiando una oposición, no es la mejor época para estos menesteres. Hay cosas que te sentarán mucho mejor que eso, seguro. Haz la prueba.

# 11. Argumentos a favor del nuevo estilo

Cuando te enfrentas al cambio de paradigma, es normal que surjan muchas dudas. Lo normal es que te apetezca estudiar mucho mucho, y estudiar más. Y que ese sea tu único planteamiento.

Obviamente, el planteamiento no es que dejes de estudiar; ni siquiera se está cuestionando el hecho de que estudies lo más que puedas. Estudiar todo el tiempo que puedas es recomendable; pero no es la única opción.

Un opositor tiende a ser una persona metódica y no dada al "riesgo" por así decirlo. No nos vamos a engañar, al fin y al cabo uno de los motivos de peso para estudiar una oposición es la seguridad que ofrece un puesto de trabajo de ese tipo.

Por ese motivo, es normal que cuando se plantee la opción de no hacer "lo común" se sienta que no se está haciendo bien. Al fin y al cabo es una especie de "riesgo" que se corre. Y ahí está la gracia de esto.

Una oposición es un riesgo en sí misma, ese tiempo que emplees en estudiar es tiempo que estarás "arriesgando" de hacer todo lo demás. En ese tiempo podrías sacarte muchas asignaturas de una carrera, o cualquier cosa que se te ocurra. Lo que yo quiero proponerte, es al revés de lo que a simple vista semeje. Quiero minimizar los riesgos en todos los sentidos.

El primer motivo de inversión en cambios en el estilo del estudio, es conseguir que te lo pases bien de algún modo. Claro que no va a ser todo diversión en la vida, todos sabemos que no es así. Pero que el hecho de que en la vida no todo sea bonito no quiere decir que ahora, en el momento de la oposición, sea cuando debes sufrir.

Es importante hacer de la oposición algo ameno en medida de lo posible. Si consigues hacer eso, conseguirás que ir a estudiar sea algo que de algún modo te apetezca. De esa manera, conseguirás más horas de estudio sin tener que forzarte. Si por el contrario te amargas, antes o después empezarás a buscar excusas para quitarte del estudio. Además podrías incluso llegar a desertar sin haber probado siquiera a hacer el examen. Es bastante riesgoso (y desagradable) estar amargado.

Hacer ameno el estudio (con ello quiero decir también la época de estudio) incrementará tu interés por lo que estés haciendo, con lo cual la concentración es mucho más fácil de obtener. Prestarás más interés a lo que estudias y de esa manera no sólo estarás más contento, sino que aún por encima necesitarás estudiar menos.

Es interesante también porque te será más fácil reponerte del fracaso y buscar alternativas si suspendes. Si tienes la sensación de que tu vida sigue, no te costará demasiado buscar alternativas o volverte a poner a estudiar si suspendiste. Si por el contrario, habías transformado tu vida en el estudio, cuando suspendas sólo tendrás una cosa en mente: he suspendido. Este pensamiento se te repetirá una y otra vez, pues era el centro de tu universo. El martirio lo tendrás servido, y cuanto más amargado hayas estado durante la época del estudio, peor te sentirás si suspendes. Tus ideas girarán sólo en torno al fracaso casi seguro. Reponerse de algo con lo que te habías obsesionado lleva mucho tiempo, y ese es el verdadero problema. Incluso aunque hayas decidido ponerte de nuevo a estudiar, te llevará meses dejar de rumiar la idea de que suspendiste. Incluso puede ser que llegues a incorporarlo a tus conversaciones habituales: "yo cuando suspendí", "a mí me suspendieron por". Mala señal. Si todo el tiempo posterior de estudio te sientes fatal por tu suspenso, estudiarás con mucho menos interés que antes. O estarás estudiando mientras piensas en tu fracaso, e incluso puedes llegar a dudar de que puedas aprobar alguna vez en tu vida.

Que la época de estudio no se convierta en una época para olvidar tiene más beneficios. Aunque hubieras conseguido aprobar después de una época tan dolorosa, podrías haberte fundido los plomos. No sería el primer caso de una persona que después de aprobar, cuando "vuelve al mundo real" vuelva cambiada y no la reconozcan. Como la oposición fue algo que te amargó, podrías convertirte en una persona arrogante y despectiva hacia los demás que se dedicaría a restregarle al resto del mundo lo bueno que es lo que tú has conseguido. O si no, si tu cargo no es lo suficientemente alto; podrías transformarte en el típico funcionario amargado.

¿De dónde sale entonces el funcionario amargado? Esto sucede si pretendes transformar tu oposición en tu vida; que al final lo acabas consiguiendo. Conviertes tu oposición en tu universo y eso es lo único que tendrás: tu trabajo. Y nada más. Por el camino, dependiendo del margen de inversión, puedes haber perdido muchas cosas. Experiencias, conversaciones, conocimiento propio...

Si has transformado ese puesto de trabajo en tu vida, te quedarás muy atrapado. El puesto en el que estés tendrá muchísimo más valor del que debería tener. Si por lo que fuese descubrieses que no estás contento ahí, no sabrás escapar. Tendrá tanto valor, que jamás te verías en otro lugar que no sea ese: "es muy valioso lo que tengo". Ten por seguro que las situaciones cambiarán: te pueden bajar el sueldo, tu compañero de trabajo al que querías algo se traslade, el trabajo cambie de dinámica, que trasladen la oficina... Puede ocurrir cualquier cosa, y tu te sentirás frustrado porque crees que eso es lo único que puedes hacer. El sentimiento de no tener alternativa pesa mucho. No necesariamente tienes por qué decidir el irte más adelante. Pero estar creyendo que es lo único que tienes limita mucho tu vida y genera resentimiento. Es como cuando decides pasarte el día haciendo el vago tirado en casa; que cuando te viene impuesto porque no te queda alternativa. Aunque en el segundo caso estés cansado y quieras estar en casa, no te gustará tanto como el día que lo hiciste porque quisiste.

Insisto, no busco que creas que te quiero sacar de delante de los libros. De hecho hay en cosas en la vida en las que tienes que esforzarte. Lo que quiero que te des cuenta es que obsesionarte no te beneficia en absoluto.

También quiero que veas que no es una acción alocada y salvaje. Te propongo que lo hagas de la siguiente manera. Si de algún modo estudias demasiado, haz la prueba. Prueba a flexibilizar tu estilo de vida. No me refiero a renunciar a la disciplina, sino al hecho que recuerdes de algún modo quién eres. Que no te conviertas en la máquina de estudiar. Ponerte a estudiar no quiere decir cambiar todo lo que eres a día de hoy, abandonarte por completo.

Lo que quiero es que hagas la prueba y veas si funciona. Para nada pretendo que aprendas menos de lo que tienes que aprender. Sé que probar estas cosas da vértigo. Pero la propuesta se basa en que analices tu bienestar y tu capacidad de aprender. Haz cambios y observa si te beneficia. Mira si consigues aprender lo que antes te costaba mucho más tiempo y esfuerzo. Es así de simple. Tu estudio mejorará si no rompes tus puntos de tensión máxima, y eso es algo que se suele hacer en estos ambientes. En este caso es una especie de ironía: puedes conseguir incluso que estudiar menos sea equivalente a estudiar más.

# 12. Calidad de estudio

La forma de estudiar se mantiene. Es siempre lo mismo, sin embargo la calidad del estudio no. Lo que quiero decir es que hay un factor que no se suele tener en cuenta. Voy a comentarte como influye el manejo del ratio estudio/aprendizaje.

Por lo que a mí respecta, mi capacidad de aprendizaje podría resumirse en una gráfica como la siguiente:

**Conocimientos**

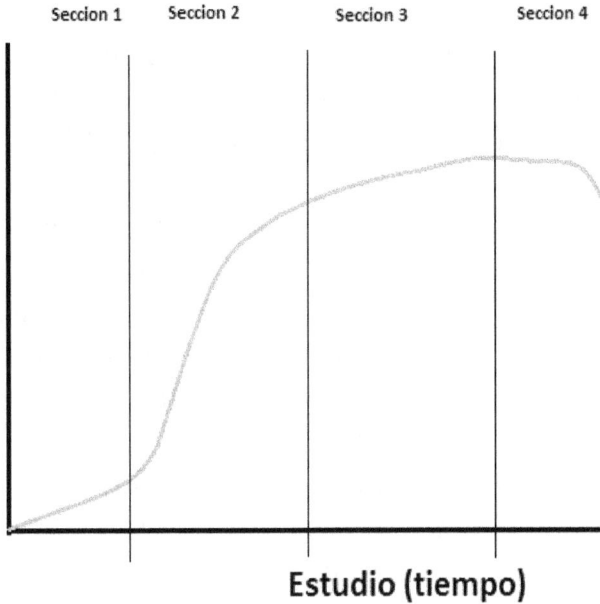

Seccion 1    Seccion 2    Seccion 3    Seccion 4

**Estudio (tiempo)**

La gráfica representa la capacidad de aprendizaje global; es decir, se puede tener en cuenta en meses, en el mismo día o en la misma sesión de estudio. A pesar de que varía el tener una consideración mensual o diaria, a grandes rasgos es bastante descriptivo.

En la parte de abscisas (la horizontal) se representa el tiempo estudiado. Cuanto más hacia la derecha, más tiempo estudiado. Y en las ordenadas (la vertical), se refleja la cantidad de conocimientos. Cuanto más arriba, más conocimientos.

En principio semeja que cuanto más se estudia más se aprende. Puede ser que te llame la atención la parte de la derecha del gráfico. Estarás pensando que se "desaprende" si se estudia demasiado; pero paso a explicar ahora las secciones con más detalle para que lo entiendas.

**Sección 1**: Es la sección del "calentamiento". Te sientas, te pones a estudiar y la cosa se pone en marcha. Cuanto más se estudia, más se aprende. Pero el proceso es lento, estás recién llegado a los libros y tu cabeza todavía está en tu actividad anterior o futuras (cuánto me queda por estudiar).

**Sección 2**: Aquí la cosa está en funcionamiento. La pendiente en esta zona es mucho más vertical que antes. Es decir, igual que antes; a más estudio, más aprendizaje. Pero en este tramo se consiguen más resultados que antes. Aquí en un intervalo de 5 minutos se consigue lo que se conseguía antes en un intervalo de 20. Es el punto de máxima concentración. El rendimiento es pleno. Es la zona más deseable, incluso produce bienestar el notar los resultados notables.

**Sección 3**: El cansancio empieza a acusar. Estudiar no es tan efectivo como en la sección 2, pero sigue habiendo resultados. El rendimiento es muy parecido a la primera parte, puede ser ligeramente mayor o ligeramente menor.

**Sección 4**: Punto de rotura. Aquí es cuando se fuerza la maquinaria. Al final de la sección el gráfico empieza a ir hacia abajo. Ésto no significa que a más estudio más cosas se olviden. Al contrario. El problema reside que se ha alcanzado la cota máxima y se tienden a mezclar las ideas. Las ideas nuevas que se introducen tienden a ser volátiles y no asentarse, mezclándose con lo aprendido instantes antes.

Cuando se estudia, se tiende a pensar, que estudiar más implica aprender más; y esto funciona bastante bien. Pero no resume la realidad total. Muchas relaciones directamente proporcionales dejan de serlo al llegar a cierto punto.

*Nota del autor: una relación directamente proporcional es aquella en la cual a más de una más de la otra. Por ejemplo: "cuanto más ejercicio hago, mejor salud tengo", "cuanto más veo la televisión, más me divierto". Sin embargo, si te machacas en un gimnasio hasta que te lesionas, tu salud empeora. O si te pasas todos los días de tu vida mirando la televisión, posiblemente acabes harto y aburrido. Lo que se pretende es escapar de la tiranía del: más es más para no afectar a la salud ni a la capacidad de aprendizaje.*

Puede ocurrir, una vez alcanzada la sección 4; que si se fuerza más todavía se consiga revertir la curva de nuevo; generando otra curva nueva con una forma

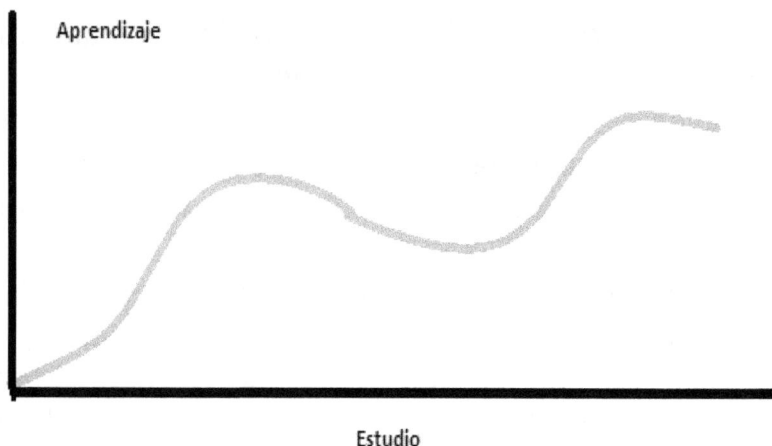

**Aprendizaje**

**Estudio**

parecida a la siguiente:

En este caso, se puede aprender más. Pero se entra en la dinámica aprender conceptos nuevos mientras se tiene que intentar recordar lo olvidado. Vamos, una montaña rusa. Esta etapa es mejor no llegar a alcanzarla nunca salvo que se luche contra el tiempo.

En mi caso yo siempre intentaba estar entre la sección 1 y la sección 2; salvo en la época próxima al examen; en la cual me permitía estar en la sección 3 o final de ésta.

Hay otro detalle que me resulta bastante importante. Si te fijas en la gráfica, se podría llegar a suprimir la sección 1 o acortar lo más posible y entrar directamente (o casi) en la sección 2. Donde el aprendizaje es más fluido e incluso se disfruta de ello. Para mi había varias maneras de conseguir acortar la fase primera lo más posible.

La primera manera para mí era la práctica de deporte de manera regular. En mi caso funcionaba mejor si lo hacía después de estudiar. Creo que es más cómodo el orden: cansancio psicológico, cansancio físico que al revés. Pero puede ocurrir que no sea así siempre. Una persona hiperactiva quizás necesite restarse algo de energía física para no sufrir ansiedad en la silla; no lo sé. Cada persona es un mundo.

Y la segunda; para mi, quizás de las más importantes, es la familia o amigos. Recuerdo una vez, en la cual un amigo mío me comentaba cómo había hecho para acabar su ingeniería (cito literalmente): "Yo estudiaba mejor el día que sabía que iba a quedar con colegas. Si un día me quedaba en casa para estudiar el día entero, ese día aprendía muchísimo menos. Aunque sólo fuese quedar para media hora en una cafetería; ya me servía. Pero necesitaba quedar aunque fuese ese tiempo". Es como si me hubiese leído el pensamiento. No podía estar más de acuerdo, el tener algo que hacer y alguien a quien ver, me mejoró la vida; y simultáneamente, el estudio.

Al principio la tendencia era al autocastigo. ¿Qué necesitaba? Estudiar. Pues eso hacía. Durante la época de estudio tendía a renunciar a casi todas las cosas que me gustaban; para sacar el máximo tiempo posible para estudiar. Al principio era bueno. Tenía un montón de tiempo por delante, así que podía estudiar mucho. Aprendí bastante, sí. Incluso quizás más que con la perspectiva de tomármelo con más calma. Pero no pude aguantar demasiado así. Llegó un momento en que le cogí asco. Aquello me estaba privando de todo cuanto quería hacer, y mi única esperanza era levantarme para ponerme delante de los libros. En eso había convertido mi plan de vida. A partir de cierto punto, estudiar se convirtió en un castigo. "No has aprendido lo suficiente, quédate ahí y estudia. Hoy no sales". Estaba siendo un déspota conmigo mismo y por eso cada vez que me ponía a estudiar incluso sentía impotencia, frustración y rabia.

Fue un momento bastante crítico, que por suerte no duró demasiado. Me estaba convirtiendo en un opositor profesional; todo el día encerrado en casa estudiando y cuando me reunía con mis compañeros, les contaba lo superdifíciles que eran las cosas que teníamos que aprender. "Ya verás voy a ir al examen y voy a fallar hasta las más fáciles".

Lamentable. Menudo plan de vida. Estudiar, sufrir y quejarse. A lo mejor este método le funciona a mucha gente. A mi, no. Quizás se debe a que no tengo optimismo o fuerza de voluntad suficientes como para estar sufriendo ese martirio y verlo como algo bueno o normal. No lo sé. De todas maneras no sé qué es exactamente la fuerza de voluntad. Una persona que estudia una carrera muy difícil puede llegar a pensar que un atleta tiene mucha fuerza de voluntad. Y seguramente el atleta pueda llegar a pensar que lo mismo acerca del estudiante. Ambos lo verán como imposible para ellos mismos lo que está haciendo el otro. Creo que el esfuerzo es muy importante. Pero no siempre el esfuerzo es tal.

Sinceramente, no sé distinguir muy bien la fuerza de voluntad del gusto por hacer algo. Una cosa es esforzarse, y otra muy diferente es sufrir por ello. Cuando te esfuerzas en algo que te gusta, no sientes que te estás esforzando. Un niño cuando corre como un loco, o que se pasa el día gritando o jugando no te viene a decir lo duro que es su estilo de vida. Sin embargo, si a ti te obligaran a gritar durante el día entero seguro que dirías que es horrible. A mi entender, creo que los tiros no van por ahí.

El problema que tiene vivir este planteamiento no es sólo relacionado con el martirio que se vive. Tus días son un infierno y si no consigues el aprobado, someterse voluntariamente a este suplicio otra vez va a ser muy difícil. Pero además, bajo esta perspectiva es mucho más fácil rendirse. Cada vez que fracases te costará más encontrarle sentido a tu estudio.

Quizás a ti haya otras cosas que te provoquen bienestar diferentes a las mías. Pero hay ciertos comportamientos que hacen que a la hora de ponerse a estudiar, el resultado sea excelente. Es bueno que observes los días en los que te cuesta mucho aprender, y los días en los que aprendes más fácilmente. A pesar de que no es un sistema cerrado (depende de más factores), quizás descubras qué cosas te ayudan a estudiar mejor.

Si estás embarcado en una oposición agresiva que te obliga a renunciar a todo; ya no tienes muchas más consideraciones que hacer. Pero si te encuentras entre los opositores que aún disponen de algo de margen de elección; estas observaciones serán bastante beneficiosas para ti.

¿En qué sectores debes/quieres/puedes moverte?. Eso ya no lo sé. Creo que lo más importante es que seas consciente de la manera en que tu aprendes. Esto te ayudará a no perder mucho el tiempo. Todo lo demás es secundario. Las estrategias que tú desarrolles pueden llegar a ser muy diferentes. Mejor todavía.

Con ello no pretendo anular la resistencia a la frustración. Esta capacidad es bastante difícil de obtener, y es muy necesaria para cualquier aspecto en la vida. La tolerancia a las situaciones adversas es algo que hay que entrenar. Cuando me encuentro en una mala etapa, me ayuda bastante el pensar que eso de algún modo es un entrenamiento. Aprendí cosas muy interesantes en la vida, y curiosamente los momentos más críticos fueron los que más me beneficiaron.

Si repasas en tu historia, seguro que encuentras algún momento delicado. En él habrás aprendido algo que te ha servido más adelante. En los momentos difíciles sueles descubrir cosas como: hay que aprovechar los momentos, no es bueno complicarse la vida demasiado, hay que decir las cosas a tiempo, descubres errores tuyos que no te benefician en absoluto...

Muchos son los beneficios de los momentos difíciles. A priori parece que no es así, pero hay unos cuantos. También habrá momentos difíciles que sería mejor no haber vivido, pero en general no todos son absolutamente malos.

Por eso no pretendo reducir la resistencia a la frustración, de hecho creo que es bueno entrenarla. Pero que estudiar sea una época odiosa es un sin sentido. Sentirás frustración de vez en cuando a pesar de que hagas de este período algo fácil. Así que no te preocupes, que tampoco será un camino de rosas.

De algún modo es una manera también de aprender a luchar por las cosas. Si luchas por lo tuyo, si sabes que sigues estando contigo, disfrutarás de saber que te tienes de amigo. Esforzarse para salir adelante, eso hace sentir bien.

Si te permites cosas, pasear o lo que sea, de algún modo también te estás diciendo que confías en tí, que te mereces las cosas buenas que te permites. Sentarte a estudiar es tu momento de lucha.

Para mí, la cosa más complicada a la que me enfrenté y de hecho me enfrento de vez en cuando inevitablemente, es el hecho de ser buen amigo mío. Me es muy fácil estar con amigos jugando a cosas, yendo de paseo o lo que sea... Pero no me es tan fácil tener que pasar algún período aislado de algún modo. No tener a mano ningún punto de apoyo es bastante complicado.

Yo estoy entre los amigos más difíciles de hacer que conozco. Estar contento después de una larga temporada a solas conmigo mismo se me hace algo complicado. En parte es normal, pues el amor fraternal es de los mayores valores del ser humano. Al fin y al cabo, las personas más alegres que conozco son muy sociables.

Aprender a estar solo es necesario, implica darte cuenta de quién eres realmente. Se hace duro porque descubres muchas cosas que no querías saber de ti mismo. Ese es otro motivo que hace duro estudiar una oposición; que de algún modo te sentirás solo.

En los momentos de soledad se entrena bastante la resistencia a la frustración, estudiar una oposición es algo bastante más trascendente que estudiar cualquier otra cosa. Te verás solo.

Aprender a desenredar todas las sensaciones que se te vengan encima te facilitará mucho las cosas. Una de las cosas que sentirás es que estás solo. Que vayas a donde vayas tú tienes que trazar tu camino. Eso asusta bastante.

Yo también estuve bastante solo, y sigo vivo. No es tan malo. Aprovecha para aprender todo lo que aún no sabías de ti mismo. Ahora es un buen momento para encarar la frustración.

# 13. En medio del desierto

¿Y si después no me gusta el trabajo?¿Y si no llego a aprobar nunca y me hago demasiado mayor para encontrar trabajo? Si entras en estos planteamientos muy frecuentemente es que algo está fallando. Tu objetivo se está disipando, y es hora de una revisión.

¿Cuál es el motivo que te impulsa a estas preguntas?. No estás para permitirte tantas dudas, así que tienes que desenmarañar el por qué.

Estas dudas suelen salir cuando se lleva mucho tiempo de incertidumbre encima. Si se está pendiente de que salga la oposición o simplemente se lleva mucho tiempo preparando el examen. El hecho de tener estos pensamientos refleja que se está levantando la inseguridad. El objetivo lejano hace que se sienta que se ha perdido el control de la situación. Parece que avances hacia donde avances, no llegarás a ninguna parte.

Por supuesto que te puedes hacer muy mayor para encontrar trabajo, y seguro que el trabajo de funcionario es un rollo. Es más, también puede caerte un meteorito encima de la cabeza y clavarte en el suelo. Pero también puede ser que te cases con alguien rico y ya pases de estudiar porque no lo necesites, o que encuentres la fórmula para hacer que las guindillas no piquen.

Estarse moviendo por terrenos irreales no aporta demasiado, y mucho menos si no se dispone de los datos suficientes como para hacer cábalas. El futuro es muy incierto, claro que sí. La planificación es una virtud, pero el automartirio pensando en todos los posibles futuros catastróficos lo dudo. ¿Realmente te aporta algo pensar así? ¿Hasta dónde tienen de reales estos pensamientos?

Cuando te ves en éstas, debes intentar darte cuenta de por qué ocurre. A mí casi siempre que se me daba por filosofar era porque estaba descontento. La ausencia de experiencias buenas, y el sentir que la vida se me escapaba de las manos mirando para libros generaban este aluvión de ideas difícil de frenar. Quizás es tiempo de hacer reajustes, e intentar hacer que te guste lo que haces de algún modo; o replantear tus horarios.

Yo no tengo la respuesta a esto, ni muchísimo menos. Lo único que sé, es que estar con la sensación de estar en el medio del desierto, casi siempre se debe a una pérdida de perspectiva o a un descontento que no se consigue erradicar.

Podría ocurrir, que se descubra que la oposición no es la mejor opción para uno mismo, y se esté planteando seriamente el dejarlo. O incluso que esta oposición no es la que se debería hacer. Esto tampoco debería hacer sentir culpable a uno. Es una época de cambio, así que es bueno abrirse a nuevas experiencias. Sólo recomiendo tener cuidado antes de abandonar, casi siempre es una tentación alimentada por miedos o hastío. Si llevas 12 convocatorias encima, puede ser. Pero si surge demasiado pronto, probablemente sea miedo.

De hecho, si ves que vas a tomar la decisión de dejarlo, intenta decidirlo cuando no estés quemado. Si estás cansado de estudiar, por supuesto que te va a parecer la mejor opción. Esta decisión es mejor tomarla desde la distancia, ver si te merece la pena o si es mejor dejarlo. Pero por supuesto que si lo haces durante el momento del descontento la respuesta va a ser: "quiero dejarlo".

# 14. Aprende a suspender

Creo que aprender a suspender es más duro todavía que aprenderse el temario. Suspender va a suponer enfrentarse a todos los demonios que llevas en tu interior. Probablemente te entren las dudas de si merece la pena, o te sientas como un fracasado, o creas que no sirves para eso... Cualquier cosa negativa que hayas estado conteniendo va a volver a aparecer en el momento del suspenso casi seguro.

El suspenso no es el fin del mundo, te lo dirá todo el mundo; y es algo que tu ya sabes. Pero seguramente en ese momento no seas capaz de pensar en otra cosa; es comprensible. Cuando suspendes el aluvión de emociones e ideas que se te abalanzan es inmenso, y además llega con una velocidad y una intensidad casi incontrolable. Es normal e incluso aceptable sentirse mal, pero tienes que saber que hay algunos hábitos que no te aportarán nada.

Una de los retos más intensos de cuando te enfrentas al suspenso es el abatimiento. En ese momento se piensa que nada tiene sentido; que hagas lo que hagas tu no tienes el control. Que el aprobado es algo que a ti no te pertenece. Que es mejor rendirse y quedarse ahí, derribado.

La mala noticia (o más bien buena) es que dejarte hundir y transformar tu vida en una miseria no va a hacer que el examinador te rectifique el examen. Así que por muy mal que estés no va a pasar nada salvo eso.

Es normal que ese día o esos días posteriores te sientas fatal; y que no te apetezca hacer nada de tu vida. Tampoco es grave o anormal que te encuentres así. No tienes que fingir que estás bien, o intentarte engañar a ti mismo; pues al fin y al cabo el examen te importaba. Por eso es bueno canalizar los sentimientos, y no guardárselos en el interior. Evitar admitir que estás triste o disgustado no mejora la situación, así que no pretendo decirte que hagas como que todo va bien. Lo que quiero contarte es que busques distinguir cuándo la pena o disgusto es aceptable y cuándo es un lujo innecesario.

El día o los días posteriores al suspenso son días más de tu vida; normales como cualquier otros. Es normal sentirse defraudado, pero intentar evitar el completo ensimismamiento en pensamientos autodestructivos. Si quedabas con amigos, salías a pasear o lo que fuera, intenta mantenerlo al menos en parte. No se trata de castigarse por haber "fracasado". El aislamiento para reorganizar ideas y emociones es aceptable, pero no construyas una cárcel usando el pretexto de haber suspendido.

¿Por qué tengo "fracasado" entrecomillado? Bien. Define fracaso, qué es un fracaso para ti. Podríamos decir que el fracaso es una palabra que define que no se ha conseguido un objetivo, pero asignándole una carga emocional negativa. Un jugador de baloncesto que falla una canasta no dice que ha fracasado. Sin embargo si la canasta que falla es la que le daba la victoria a su equipo en el final de un partido; no sería tan raro que lo dijese. Sin embargo el contenido es el mismo: objetivo no cumplido. La única diferencia es la intensidad con la que quieres o necesitas ese objetivo. El problema está en que fracaso se sobreextiende al contenido del hecho en sí mismo. Si te equivocas se queda ahí; pero si fracasas parece que se extiende al resto de tu vida.

Se cuenta que una vez, que un inventor famoso (no lo pongo porque no lo recuerdo, lo siento); cuando consiguió fabricar su invento fue entrevistado por un periodista. Este periodista, le pregunto algo así como: "¿Cómo te sientes después de haber fracasado en más de 200 ocasiones cuando hiciste esto?". El inventor le respondió: "No he fracasado, simplemente necesité de 200 prototipos hasta llegar al definitivo".

*Nota del autor (como siempre): puede ser que el contenido de la conversación diste bastante de la realidad; pues no consigo recordar exactamente la conversación. A pesar de todo, el ejemplo me sirve aunque lo supongamos inventado por mí mismo.*

Dejemos los fracasos para la gente que quiere castigarse. Pensemos un poquito. Cuando un niño está aprendiendo a andar, cuando se cae, no se queda completamente abatido lamentándose lo mal que le ha salido. Es una pérdida de tiempo.

Podemos usar mil ejemplos de situaciones en las cuales personas intentan cosas y no se frustran por ello. ¿Sabes distinguir un fracaso de un intento?. La línea que separa un fracaso de un intento no es tan gruesa, sólo hay que aprender a mirar las cosas de otra manera.

El problema radica sobre todo en la pérdida de perspectiva. Tenemos un suspenso metido en el pensamiento y nada más. He oído a gente decir perlas como esta: "Suspendí por sólo 2 décimas de punto". Y pasarse mucho tiempo quejándose por lo malo malísimo que es quedarse por tan poco. Probablemente lo oigas descrito con palabras no tan correctas.

*Nota del autor (y otra): yo fui uno de ellos. Había suspendido por realmente poco. Cuando te encuentras en esta situación parece que mola mucho contárselo a la gente. Si te ha ocurrido, no pierdas el tiempo.*

Pero vamos a ver. ¿Cómo que he suspendido por muy poquito? ¡Eso es una noticia muy buena!. Desahógate y líbrate de la pena (al fin y al cabo fastidia); pero acepta que es una noticia buena. Estabas a tan sólo 2 décimas del aprobado. Conseguiste un nivel de preparación cercano al aprobado. ¿Cuánto más te quedará por estudiar para conseguirlo la próxima vez?¿Preferías haber suspendido por una distancia abismal?¿El 0 te consolaría?

Quizás hacer un examen horrible ayude a la hora de no quedarse obsesionado con la idea de: "casi apruebo, ¡qué desastre!". Sin embargo la realidad será que vas a tener que estudiar mucho más (o cambiar mucho tu método de estudio/ejecución del examen). Aunque suele parecerlo, suspender por muy poco no es malo.

Los suspensos tienen tendencia autodestructiva, si los vives lo comprobarás. No te dejes llevar, la situación seguramente sea mucho más relativa de lo que crees. Si tu suspenso ha sido por mucha diferencia, entonces simplemente es un reflejo de que has perdido el tiempo o no has encontrado tu manera de aprender. De algún modo son buenas noticias: algo no va bien. Arréglalo.

# 15. Dejando la oposición

Como luz y oscuridad son la misma cosa; no podría escribir un libro animándote a estudiar cuando podría ser que en realidad tendría que disuadirte. A veces nuestras ideas no son lo más adecuadas a nuestras necesidades (o posibilidades).

Dejar una oposición no es un trauma. ¿Te cuesta cambiar de canal de televisión cuando te aburres? "Pero no es lo mismo, estudié mucho" (Dirá tu voz interior). Si crees que por el mero hecho de que haber dedicado mucho esfuerzo en algo lo convierte en valioso; entonces empuja un dolmen hasta que se transforme en oro.

Tranquilo, es normal el desasosiego. Dejar cosas hace sentirse a uno como un fracasado (¿recuerdas lo que te contaba del fracaso?). La única y exclusiva alternativa de tu vida no era una oposición. Seguro que cuando de niño jugabas al escondite no te planteabas que tu futuro sería trabajar en...(inserte aquí oposición deseada). Aún suponiendo que eso es lo que querías de verdad; no te preocupes. Hay muchas cosas en la vida que molan, no cierres tus miras.

Además, ¿quién te dijo que éste era el momento?. A veces podemos intentar lo mismo o algo semejante más adelante. Puede ser que no sea tu momento, igual puedes retomarlo más adelante y ahora no disponías de la misma preparación.

Si realmente necesitabas abandonar, te sentirás como liberado. Como si te hubieras quitado de encima una carga. Pero a menudo, dejar de hacer algo por lo que estábamos luchando nos hace sentir mal. Como si nos hubieran derrotado las circunstancias.

Cuando se deja algo de lado, es posible (incluso frecuente) que estemos defraudando a alguien. La carga suele venir casi siempre de "superiores" jerárquicos. Esa gente que de algún modo tuvo algún poder sobre ti o tu educación. Padres, antiguos profesores... Aunque la figura ya no esté presente físicamente (ese profesor podría estar viviendo en otra ciudad), de algún modo en tu interior sentirás como que les has fallado.

Y digo yo, ¿A quién estás defraudando?. No tiene sentido. Has estado estudiando durante un tiempo (da igual cuánto) y has decidido no seguir haciéndolo.

¿Dónde está el problema? Muchas veces todos tus tutores te inculcan una imagen de éxito que no te favorece prácticamente nada. Es normal que lo hagan, lo hacen porque te quieren y te protegen de las cosas que les dan miedo. Esto no es del todo malo, pero a veces el hecho de que pretendan que consigas algo muy difícil o muy distante en ti, te lleva a sentirte obligado a hacerlo; sin otra alternativa a la vista.

Cuando has suspendido y crees que ese esfuerzo no es para ti, que prefieres llevar las cosas por otro camino; tus dos realidades chocan entre sí. Quizás esa oposición era demasiado difícil para ti, o no era el momento para hacerla. Se puede ir a por otra diferente o dejarlo todo por completo. Nada de lo que hagas es tan grave.

Es muy normal, y ahora en los tiempos de las redes sociales, muchísimo más; sentirse excesivamente identificado con lo que se hace. La tendencia es a mostrar los resultados obtenidos para de algún modo decir "yo soy esto". Si abandonas algo con lo que la gente ya te había identificado (oposiciones) dejarlo se te va a hacer bastante difícil.

La vida va así. Por seguridad, la gente necesita una etiqueta para ti; para "saber" quién eres. "¿A qué se dedica?". "Está estudiando una oposición". Y ahí se acaba el interrogatorio sobre ti. A partir de ese momento eres "el opositor". Es normal; todos de algún modo u otro lo hacemos. De algún modo sentimos que ubicamos mejor a una persona si sabemos su profesión. En parte es comprensible, una persona con demasiados problemas personales es difícil que mantenga cualquier trabajo. Por eso de algún modo la tendencia natural es esa.

Curiosamente las preguntas casi siempre se orientan hacia los trabajos. Nadie tiende a preguntar por las aficiones. Supongo que por como está organizada la vida es normal. Al fin y al cabo ahora se emplean muchos años antes de llegar a trabajar en algo. Antes de trabajar en casi cualquier cosa necesitas años de preparación. Quedan pocos oficios inmediatos, de los que llegas y te pones a trabajar sin demasiada complicación (de hecho creo que casi ninguno).

Recuerdo que a mi me gustaba mucho la típica película de superación, en la cual se ve a un fracasado del que todo el mundo se ríe o nadie comprende; que un día consigue hacer algo muy bien y desde entonces todo el mundo respeta. Casi siempre lo que aprendía era a pelear bien (de estas películas hay muchas); pero la historia puede ser también como músico, como buen profesor, como pintor...

Y cuando conseguía eso, todo el mundo lo quería. "Ahora os chincháis, molo mucho" supongo que es lo que pensaba el protagonista. Esto es a la exagerada lo que yo decía por deseo de revancha.

Parece que lo guay es haber luchado mucho, y pasar muchísimas penurias para poder conseguir las cosas. A mi todo eso me parece una chorrada. Puede ser que alguna vez necesites luchar mucho muchísimo para conseguir algo. O que en algún momento de tu vida todo vaya realmente mal y te haga falta cualidades casi sobrehumanas. Eso está muy bien. Pero hay que aprender a distinguir cuándo es necesario esforzarse y cuando no.

¿Tienes que hacer de tu día a día una película? ¡Qué tontería! Por desgracia nunca se hizo una película de alguien que estuvo peleando por algo, se cansó y se fue a la playa a tumbarse en una hamaca y a mirar a las nubes con su perro. Para los directores del cine, esa historia no mola nada.

*Nota del autor (más bien, amenaza del autor): si algún día alguien hace esa película que me avise. Quiero ser el protagonista. De no ser así, os embestiré con mi poderoso equipo de abogados-jugadores de rugby.*

Tristemente es verdad. Imagínate el siguiente diálogo:

- ¿De qué va esa película?

- Nada de un tío que intenta hacer una cosa pero después se da cuenta de que le parece un rollo y lo deja.

La verdad es que dicho así suena cutre.

Parece que lo único válido es pelearse hasta la extenuación para conseguir algo. A mi la verdad, la mayor parte de las veces me parece una tremenda tontería. Es como imaginarse a una persona subiendo por el cauce de un río. De repente decide que en vez de subir caminando; se va a meter en el agua e ir contracorriente nadando.

Hay que saber distinguir, si lo que se quiere es llegar a la parte alta del río, con caminar es suficiente. Si lo que se busca es conseguir subir un río contracorriente, entonces vale. Pero no hay que mezclar resultados con acciones. Buscar la sencillez no es tan nefasto. No pasa nada si tienes que dejar algo para simplificarlo por otra cosa más sencilla. Al fin y al cabo, el tiempo es tuyo. ¿Qué ocurriría si encontrases una oposición que te divierte estudiarla? Entonces tienes mi máximo apoyo. ¿Tendrías el tuyo mismo?

En la vida aparecerán adversidades, eso seguro. No estoy proponiendo en absoluto rendirse ante la mínima que aparezca. Lo que si quiero decir es que muchas veces llevamos mil años haciendo cosas que no nos gustan y no sabemos por qué. Matamos nuestra intuición sometidos a algo que no sabemos siquiera si queremos hacerlo. Muchas veces torcemos nuestras ilusiones para hacer algo, simplemente porque sí.

Piensa en algo que te haga REALMENTE sentir bien. Imagínate lo que debería ser la banda sonora de tu vida. Algo que te haga vibrar y sentir tu propia energía. Tiene que haber algo que te haga muchísima ilusión hacer, seguro. Aunque la hayas olvidado hace tiempo. Piensa seriamente en ello. Qué se yo, imagínate que tu ilusión es construirte una barca con tus manos tranquilamente. Imagínate ahora que mientras lo estás haciendo se te rompe una parte y tienes que rectificarla. Seguro que no lo ves tan horrible.Las adversidades, cuando estás haciendo lo que tienes que hacer; no son tan fuertes como las que se presentan cuando hacemos lo que no queremos.

No nos vamos a engañar. Trabajar de funcionario mola mucho. Casi todo el que te rodea, estará esperando que lo hagas. Estarás rodeado de un montón de personas que espera eso de ti. Bien porque ellos ya lo son y creen que han escogido lo mejor que podrían hacer; bien porque ellos están cansados de sus trabajos en la industria privada. Sea por el motivo que sea, tendrás a mucha gente alrededor esperando que tú apruebes y consigas eso por lo que has luchado.

Abandonar una oposición, aunque sea por otra más "fácil", puede resultar una prueba bastante difícil de superar. No cometas el error de despreciarte. No salgas a la calle con la sensación de que has perdido. No has perdido nada. Las decisiones son cosas que se hacen, nada más. No te dediques a decirte a ti mismo que lo has hecho mal. Parece extraño, pero es más común de lo que parece. No es tan fácil seguirse manteniendo el respeto si se cree que se ha fallado.

Puedes sentirte mal, pero no te dejes llevar por la tentación de castigarte. Sigue con tu vida con total libertad. Es importante que continúes haciendo las cosas que te gustaban. Ahora posiblemente tendrás más tiempo para hacerlo (salvo que te guste estudiar, que entonces no deberías dejar de hacerlo).

Por lo demás, que la vida siga su curso. Dentro de 20 años nadie te va a señalar con el dedo diciendo "Mira, ese de ahí estudió para (lo que sea) y lo dejó". ¿Tu estarás dentro de 20 años lamentándote de eso? Tampoco lo creo. No le des tanta importancia.

Lo más importante es no rendirse y buscar lo que te gusta. Si cambias la oposición por algo para quedarte triste en ello, entonces ten por seguro que lo lamentarás. Pero si cambias la oposición por cosas que te gustan seguro que estarás muy contento de haberlo hecho.

# 16. Método de desarrollo de test

Este título se aleja bastante del objetivo principal del libro. Pero ya que estoy escribiendo, pues me voy a poner un poquito más y de esta manera comento algún que otro detalle de cómo ejecutar un examen, aunque para ello ya hay otros libros. Sin embargo aprovecho para contar un poco por encima qué se puede hacer en un examen de tipo test.

## La estadística

Mi idea no es llegar a un examen y jugársela, para eso no creo que haga falta ningún libro. Este título es más bien para intentar arañar algo más si una vez metido en el examen te das cuenta de que lo que sabes no va a ser suficiente para aprobar.

Para empezar tienes que saber cómo puntúa el examen. Una forma bastante extendida de examen es la siguiente:

- Número de respuestas posibles: 4
- Opción múltiple: No (sólo escoges una opción).
- Penalización por pregunta errada: 0,25 puntos.
- Puntuación por pregunta acertada: 1 punto.
- Errores permitidos: los que se quiera.

Ojo con el siguiente detalle:

Si el examen tiene las siguientes respuestas posibles:

a) Blablabla bla
b) Los barcos son peces marinos
c) El queso está encima de la mesa
d) Las respuestas "a" y "c" son correctas.

Este tipo de pregunta sigue siendo un examen de respuesta simple. A pesar de que una respuesta contenga una combinación de ambas, no es una combinación en sí mismo. Me explico, tienes que abstraerte del contenido de la pregunta. Tú en realidad sólo escoges a, b, c o d. ¿Qué mas te da lo que ponga? La respuesta "d" podría poner: "Hola, hermano". Sigue siendo una respuesta que puedes escoger o no.

Un examen de respuesta múltiple es aquel en el que tienes varias opciones y escoges una o varias. Es decir, puedes marcar la a, o la b y la c juntas, o la d...Eso es un examen múltiple. Si una de las preguntas contiene combinaciones de las demás, no importa siempre y cuando en el examen te obliguen a escoger sólo una.

Bien, sigamos con este tipo de examen. Tenemos lo siguiente. Supongamos que una persona hace el examen al azar. La teoría dice lo siguiente:

Al igual que cuando lanzas una moneda, acertarás una vez de cada 2, para acertar una opción entre 4, necesitaras 4 intentos.

*Nota del autor (para variar): ojo, la estadística es lo que tiene. Por mucho número que manejes, podrá ocurrir cualquier cosa. Lo que he enunciado no es verdad, es simplemente descriptivo. La estadística es una ciencia extraña. Pero aprender a usarla puede cambiar el transcurso del examen. Obviamente, el resultado es incierto, pero es mucho más favorable que usar el azar a lo loco. Ese es el motivo por el que yo no quería hablar de estas cosas. Así que si quieres mi consejo, no lo uses. Esto es un plan de emergencia. Si ya está todo perdido, haz esto en vez de dejar el examen sin hacer. Pero bajo mi punto de vista, sólo si crees que todo está perdido.*

Sigamos, con lo dicho anteriormente. Si en este examen tu respondes 4 preguntas a boleo, entonces tendrás 1 acierto. Es decir, 1 bien y 3 mal. Cada 3 preguntas mal, restas una buena. El resultado sería el siguiente: Si haces todo el examen al azar, y el examen tiene un número de preguntas múltiplo de 4, tendrás 0 puntos.

*Nota del autor (insisto): Es un ejemplo. No tendrás 0 puntos. Tendrás cualquier cosa. Es un presente figurativo, lee toda esta parte sabiendo que cualquier cosa que mencione es una conjetura, no una realidad.*

Sin embargo, la cosa va más allá. El azar no es tanto si analizamos los siguientes factores. Dependerá del grado de riesgo que quieres/debes asumir. Si estás muy lejos del aprobado, a por todas. Pero si estás sólo algo lejos del aprobado, vete con más calma.

Hay que intentar balancear más la carga hacia el aprobado. El resultado mejora si el azar se aplica sobre campos en los que tenemos certezas. Muchas veces de una pregunta sabemos que seguro una de las respuestas posibles no es cierta. Es decir, en esa pregunta no jugamos a 1 frente a 4, sino a 1 frente a 3. La cosa ya cambia bastante. Ni que decir tiene qué ocurre en la típica pregunta que te hace dudar entre una u otra. Ahí estás jugando a 1 entre 2. Si respondes al azar varias preguntas en las que tienes certezas (descartaste alguna opción), tendrás más aciertos que si simplemente lo haces a lo loco sobre todas.

De todas maneras, yo no recomiendo hacer esto en absoluto. Lo que quería era desterrar un poco la manía de pensar que el azar es siempre azar. Más que nada porque tengo visto a gente que directamente prueba suerte sin pensar ni siquiera un poco. Que al leer la pregunta y no tener ni idea de qué va, entonces directamente salta a marcar algo al azar. Y a veces una de las respuestas, a pesar de no haber estudiado nada, era completamente descartable. Bien por sentido común o incluso porque el mismo examen tenía una errata. Es curioso, pero ocurre.

## La contrarreloj

A los que desarrollan los test les encanta hacer pasar nervios a la gente que los responde. Hay un extraño vínculo entre examen tipo test y examen rápido. De todos los test en los que me vi implicado en mi vida, casi todos tenían un intervalo de tiempo corto. Muchas veces se debe a que el examinador sabe que si sabes las respuestas claramente, el examen te lleva poco tiempo. Vamos, que tiene cosas mejores que hacer que estar allí vigilándote.

Así que con respecto a eso tengo una cosa que decir. Hay dos tipos de exámenes rápidos. Los que dan tiempo a hacer enteros y los que no. Si estás en un examen que no da tiempo, entonces tienes que ir con mente clara. Muy muy clara. Revolver el examen es una pérdida de tiempo. Así que tienes que lanzarte con decisión a lo que hayas decidido responder. Lo primero que deberías localizar son preguntas de respuesta inmediata. Como por ejemplo: "dime qué es esto que se ve en la imagen". Aunque tengan múltiples opciones, la resultante es muy clara. O sabes lo que es, o no. Respuesta inmediata, sabes lo que es; pues lo localizas y lo marcas. No lo sabes, no hay nada que hacer. Intenta empezar por éstas, hay gente que por haberse hecho un lío no llega nunca.

Es decir, echa una ojeada rápida al examen a ver que aspecto tiene. No te hace falta ni leer. Las preguntas con mucho párrafo son, seguro, largas de resolver. Mira unas pocas palabras de ella, pero no te dejes llevar por la tentación de quedarte a leer a ver como es posible que pregunten algo tan difícil. Ahí está la trampa. Si has mirado por encima y ves que es complicado, perfecto. Que se enganche otro en esa zarza. Sigue a lo tuyo.

De las otras preguntas, las de conocimientos, las hay que son muy inmediatas. Sabes claramente la respuesta y entonces no hay vueltas que darle. A por ellas.

Ahora viene lo gordo. ¿En qué te deberías enredar después de haber contestado a todas estas? La respuesta es: en nada. Sabes de sobra cuando estás enredado y cuándo no. Ponte a responder preguntas, si no sabes responder alguna y ya has pensado un poco en ella descártala. Si te sobra tiempo volverás más adelante a por ella. Para descartar hay que ser un valiente. Evita la sensación de culpa: "¡Oh dios mío, he pensado en esto y tengo que responderlo!". Eso es mentira. Pensar en algo no lo hace valioso (¿recuerdas la superroca que te dije que empujaras para hacerte rico? No lo hagas ahora, olvídate de esa pregunta). Líbrate de las zarzas. Tienes que caminar diligentemente. Puedes pensar, o incluso pasar bastante tiempo (dentro de lo razonable) pensando en alguna. Pero sabes de sobra cuándo te has enredado. Ni se te ocurra quedarte ahí enganchado; y muchísimo menos seguir adelante lamentándote y acordándote de que no has sabido hacer aquella/aquellas dos preguntas. En el momento que hayas decidido descartarla , no la rumies mientras hagas las siguientes.

Los exámenes test matan a inseguros. Hay miles de personas muy inseguras que saben muchísimo pero sin embargo destrozan los exámenes. El hecho de haberse encontrado a sí mismos pensando acerca de una pregunta, les hace dudar de lo que saben. Como dudan de si se saben bien las cosas o no, vuelven atrás a ver si las que respondieron lo hicieron mal. Entonces se ponen más nerviosos todavía, y les cuesta más revisar sus propias preguntas. Entonces aún dudan más de si mismos. No son ellos, son los nervios. Sin embargo, la pérdida de tiempo ya está servida.

¿Conoces a alguien que alguna vez haya rectificado su examen para entonces hacerlo mal? Hay muchos, seguro que conoces alguno. O seguro que también conoces a alguien que a pesar de ser un fenómeno, sólo supo hacerlo como una persona que llevaba poquísimo estudiando.

El examen con naturalidad. Hay que hacerlo y asumir que el fallo también es una opción. Claro que puedes equivocarte, pero ¿qué importa eso mientras haces el examen? Hazlo y punto. ¿Qué es lo que te están preguntando? ¿Acaso pone algo así como: "Crees que estás fallando esta pregunta"? Entonces, cíñete a decir si los barcos son peces marinos o no. Lo otro no importa. Hazlo lo mejor que puedas, pero lo más importante es: vete ágil. No te enganches. Hazlo sencillo.

# 17. Ya aprobé, ¿y ahora qué?

Cuando alguien se presenta una oposición, generalmente se supone que es para quedarse con ese puesto de trabajo. Hay gente que se prepara para conseguir un puesto relacionado con la medicina, con los cuerpos de seguridad...

Y sin embargo, nada más llegar mucha gente se pone a pensar en la siguiente oposición. No es raro ver a alguien que recién llegado está intentando subir al siguiente escalafón. Esto no es del todo malo; ni mucho menos. De hecho, cuando no estás contento en un sitio, tienes que pelear hasta que encuentres tu lugar. Resignarse no es una alternativa saludable.

Siempre diré que cada uno tiene que buscar su lugar en la vida. Hacer lo que le contente y nada más. Sin darle vueltas. De eso va este libro. Aunque lo parezca no me estoy contradiciendo.

Lo que quiero es que te des cuenta de que nada más llegar a tu puesto de trabajo no tienes por qué ascender a ninguna parte. Cuando estuviste estudiando la oposición seguro que más de una persona te comentó algo así como: "Siempre puedes ascender". Será una de las frases que más habrás oído mientras estabas estudiando.

El haber estado oyendo continuamente "consejos" de personas que te dicen que es bueno ascender; y el haberte pasado durante tanto tiempo estudiando con un objetivo en mente; puede provocar que cuando llegues a ejercer te sientas vacío. Has estado día tras día estudiando para conseguir algo; así que tu vida va a cambiar radicalmente si la comparas con lo que había sido hasta entonces. Ahora ya estás inmerso en un día a día normal y corriente. El objetivo que tienes ahora sería...ninguno. El día en sí mismo será tu objetivo. Así que cuidado; la sensación de ¿y ahora qué? Se puede acercar.

No tiene por qué haber un objetivo nuevo, ten cuidado. Si por ansiedad te precipitas a conseguir más cosas puede ser que pierdas la calidad de vida. Ascender es buena cosa; pero no te des tanta prisa. Tienes que mirar si realmente lo quieres o si lo vas a usar para maquillar tus frustraciones. Un vicio muy extendido en los entornos jerárquicos es el de sacar el cargo a relucir. En los ámbitos de cuerpos de seguridad es normal y hasta cierto punto deseable que la jerarquía y disciplina estén bastante claras. Al fin y al cabo van armados, no es ningún juego.

Pero de ahí a llegar al punto de que incluso en un entorno burocrático, donde al fin y al cabo sólo se remueven papeles; se encarguen de recordarte donde están posicionados no tiene ningún sentido. Aunque lo que se haga sea algo de responsabilidad; sigue sin haber necesidad de compararse.

Si quieres ascender por alguna causa justificable: más dinero, mejor trabajo, te gusta más lo que vas a hacer...entonces estupendo. Pero no te lances al vacío a lo loco. Hacerlo nada más llegar conlleva una pérdida de perspectiva. Tómate el tiempo necesario para liberarte del resentimiento que puedas albergar en tu interior. Ser un jefazo es tentador; pero no te des mucha prisa en serlo. Pisa el freno.

Piensa lo siguiente: ¿cuándo pondrás el final a esa carrera vertical? Estudias, asciendes y otra vez el vacío. Necesitas llenarlo otra vez para calmarte. Y una vez más. Y después te ves en la cima (o cerca) con más dinero; "amigos" influyentes y la capacidad de decidir qué es lo que tienen que hacer "tus" trabajadores.

No pretendo disuadirte de la idea de ser un alto cargo. Al fin y al cabo alguien tiene que serlo. Sólo quiero que pienses mucho si es lo que realmente quieres. Si buscas convertirte en alguien que manda simplemente por revancha con la vida entonces ten cuidado. Te podrías quedar enganchado para siempre. Porque si estás descontento contigo mismo y te respaldas en algo que te proporciona el alivio de poder ver que eres importante o con mucho dinero; ten cuidado. Escapar de eso se hará muy difícil. Si has establecido un sistema de frustración-alivio el bloqueo está garantizado.

Querer ser jefazo es algo bastante extendido en estos ambientes. Supongo que el motivo se debe a que después de haberse pasado tanto tiempo estudiando, se pierde el contacto con el resto de la vida. Uno se va distanciado de amigos, familiares e incluso de ilusiones anteriores.

### El silencioso, reto para funcionarios: dificultad variable.

Te propongo el último reto del libro: estate callado. Sí. Así de fácil. Intenta no decir nunca que "eres" (lo que sea que ejerzas). Está prohibido durante una temporada. Si realmente te contenta, no tendrás necesidad de hacerlo. ¿Les contaste a tus amigos que ayer comiste pollo? Seguro que si olvidaste contárselo no te frustra.

Durante la temporada que te hayas propuesto, queda completamente prohibido en toda su variedad de formas. Incluído el típico pequeño comentario que de algún modo le recuerda a tu interlocutor cuál es tu trabajo. Tampoco sirve invitar a gente a comer a casa.

*Nota de la resistencia mental (esta vez no soy yo): tu cabeza probablemente esté pensando que invitar a tus amigos es algo bueno. Cuidado, ¿estás seguro de que son amigos? ¿Estás seguro de que no estás mostrando lo bonita que es tu casa?*

Y si ya eres alguien que manda, tampoco sirve dar órdenes durante una temporada. Vale, puede ser que sea tu trabajo. Pero habrás observado que la mayor parte de las reuniones que se hacen sólo sirven para que cada uno le recuerde a los demás cuál es su cargo. La mayor parte de las reuniones son una pérdida de tiempo absurda. ¿Alguna vez se ha cambiado algo después de una reunión? ¿Has estado alguna vez en alguna reunión efectiva? Y si hay cambios, ¿se podrían haber hecho en 10 minutos?. Intenta no convocar una reunión para nada. Si es estrictamente necesario hacerlo; intenta resumirlo: hay que hacer esto. Con 10 minutos debería bastar.

Verás que este reto igual no te resulta tan fácil. Todo el mundo habla del trabajo, del dinero... son importantes, sí. Pero hay muchas más cosas.

## En resumen

Intenta mantener la calma antes de pedirte nuevos objetivos. No tienes prisa por nada en especial. El objetivo nunca fue olvidarse de todo lo demás, así que no lo estropees ahora. Si durante tu estudio has sabido mantener tu cordura y alegría, mantenlo. Piensa que si por algún motivo te has metido en arenas movedizas, agitarse a lo loco sólo te va a hundir más. Por eso te digo: calma.

Recuerda tus prioridades. Esos entornos son bastante limitados. Tómate tu tiempo de descanso, y una vez estés en reposo; actúa en consecuencia. Si hay que subir se sube, si hay que cambiar de oposición; se hace. Nunca demasiado tarde; pero tampoco demasiado pronto. Evita transformarte en la máquina automatizada de oposiciones. Eso es todo.

# 18. Epílogo

No voy a mentir. Escribir sobre oposiciones me parece un tremendo rollo. No creo que lo vuelva a hacer, ni creo que prepare nunca un libro del temario. Eso lo veo más difícil todavía.

Supongo que podría escribir acerca de muchas cosas, pero no me veo capaz de darle consejos a nadie acerca de lo que debe hacer de su vida. Así que la única manera que tuve para sentir que esto serviría para algo fue escribirlo como si fuera para alguna persona querida o un buen amigo. De este modo me sentí cómodo al hacerlo.

Por eso mismo, este libro está escrito en un tono tan informal. Escribir como si fuera un sabio (que de hecho, no lo soy) me parece horroroso. Escribir usando tecnicismos y apoyarme en el estudio número X de la universidad de Fresislavia me parece superaburrido. Este libro no es el libro de aquel que ha sido seleccionado por los dioses y entonces os cuenta a vosotros los mortales los secretos de la vida.

¡Qué va! Ni muchísimo menos. Lo cierto es que muchos de los errores que hablo, son errores que yo he tenido. No soy el mesías, en absoluto. Sólo quería contarte las cosas de las que me di cuenta. Cosas que a mi no me funcionaron, e incluso me perjudicaron.

Cuando estudié la oposición, pasé por momentos que me hicieron sentir un miserable cumpliendo los sueños de otra persona. Por eso suspendí. No había otro secreto. De algún modo, mi subconsciente se rebeló.

Cuando suspendí, estaba luchando por algo y no sabía muy bien por qué era. Inercia. Pura inercia. La oposición es lo que viene antes de trabajar, eso creía. Así no iba a funcionar nunca. O quizás sí, pero no me sentía nada cómodo.

Revisé mis creencias. De repente me di cuenta de que de algún modo sí que quería estudiarla. Lo cierto es que ese pequeño descubrimiento en mi mismo, me hizo sentir mucho más cómodo a la hora de estudiar. De algún modo, siempre fui un "rebelde". No ese rebelde que pinta graffitis por ir de diferente, o que busca la confrontación porque si; en absoluto. Pero nunca me gustó hacer las cosas que me imponían sin razón alguna. De alguna manera, me estaba imponiendo a mi mismo someterme a ese tedio sin saber por qué. Había una parte de mi que se rebelaba contra ello. No estudiaba con ninguna ilusión, así que estudiaba y aprendía. Pero aprendía bastante lento.

Después de ese cambio de perspectiva, las cosas mejoraron bastante. Aunque me amargaba bastante, estudiaba con ilusión (ilusión en cierta medida, pues me aburría el temario sobremanera). Estudiar ya no era lo mismo una vez sabía que quería hacerlo y me sentía con la capacidad de seguir adelante.

Cuando me enfrenté a la primera vez que suspendía, me sentí abrumadísimo. Además, había suspendido por realmente poco. Una pequeña fracción de una de las partes del examen. El resto estaba aprobado. Por suerte, me repuse bastante rápido. Al principio, me dediqué a castigarme por haber suspendido por tan poco. "Si hubiera estudiado un poco más". Me decía. Aunque pronto me di cuenta que estar en el escalón 99 supone que para llegar al escalón número 100 simplemente hay que subir uno más.

Suspender me dio muchísima rabia. Pero al menos, el tiempo que pasé con mis amigos disfruté bastante. Así que tampoco me dejé abatir. Al fin y al cabo, tampoco iba a cambiar nada. Se estaba muy bien con los amigos, para qué darle más vueltas a las cosas.

Suspender no fue tan malo. Fue una especie de "trauma" (exagero un poco). Pero también me sirvió para darme cuenta de que si sientes que tu vida es una mierda, las cosas no funcionan muy bien; y te deprimes. Lo cierto es que de algún modo me estaba amargando. Menos mal que no duró demasiado (suspendí pronto, de no ser así igual tardaba más en darme cuenta).

El año que aprobé, no me lo tomé demasiado como un castigo el hecho de estudiar. Me permitía muchos más lujos, y como era más transigente conmigo mismo; me era más fácil responder a la hora de estudiar. La verdad es que el año que aprobé, me lo pasé mucho mejor que el año que suspendí.

También es cierto que ya tenía gran parte del temario mirado. Sin embargo eso no es correcto del todo; porque el año que suspendí, no era capaz de estudiar unos temas en concreto. Los evité, porque me asqueaba muchísimo. Y el año que aprobé, sin embargo, sí que fui capaz de aprendérmelos.

Así que me di cuenta de que las cosas no eran tan estrictas como me las había autoimpuesto. Cuando salía a jugar con los amigos, me sentía bien. Me sentía libre. Escogía jugar, y en otros momentos escogía estudiar. Para mi siempre fue más fácil hacer las cosas si veo que soy yo el que tiene control sobre ellas. Antes sin embargo, era como que no me quedaba otra alternativa. Frustraba bastante.

Así que no vayas a pensar que soy un iluminado. De hecho, si estás entre mis seres queridos; sabrás de sobra que no es así. Para nada. Por eso está el proverbio del principio, porque podría ser que en realidad todo lo que yo dijese fuese mentira. Yo simplemente le estoy contando mi experiencia a un amigo. Eso es todo.

Así que espero que nadie se haya sentido ofendido por mi lenguaje directo y claro. Quiero recordar que en realidad he metido la pata en muchísimos aspectos de mi vida; y aquí también. No hablo desde la superioridad, sino desde la experiencia. Cuando hayas aprobado, podrás mirar en retrospectiva y contar tu propia historia tú también. No es magia, mucha gente aprueba. Simplemente yo lo he contado. Nada más.

Por cierto, este libro está más bien orientado a la gente que no aspira a ser algo sumamente complejo. Si estás en una oposición cuyo único objetivo es estudiar como un loco todas las horas que tengas del día; probablemente este libro te haya parecido una chorrada.

*Nota del que escribe (el autor): y no me extraña, al fin y al cabo estamos en órbitas diferentes.*

Así que, que quede claro que esto va orientado más bien a oposiciones de nivel de dificultad aceptables. Todos los que estudien más de 8 horas al día, creo que habrán perdido el tiempo leyendo esto.

Espero que todo este libro no te haya parecido un sermón desde un púlpito (o variantes). Si te ha resultado entretenido para mi ya es bastante. Al fin y al cabo, me lo he tomado bastante a broma. Me ha divertido escribir según que cosas, y hasta me hace gracia. Como por ejemplo, haciendo muchas de las notas de autor. Lo encuentro bastante cómico. Así que, me despediré con otra más:

*Nota del autor (y por fin, la última): si te sientes con fuerzas para seguir, creo que ya he conseguido bastante. Si consigues mantener la risa a pesar de estar en una época de estudio; entonces he triunfado. Apruebes o suspendas, lo comprobarás. Piensa que tanto si apruebas, como si suspendes; todo ese tiempo habrá sido desperdiciado si te sentiste mal y triste sin necesidad. Si suspendes, habrá sido doblemente desprovechado; pero si apruebas, tampoco ha merecido la pena. Conseguir algo, como ya dije, no es sinónimo de sufrirlo. Así que a darle duro al examen. Y cuando digo duro, digo: a tu manera. :)*

*Nota del autor (mentí, no era la última): no soy un experto en la salud mental. Y los términos que me he inventado carecen de fundamento científico. Los he inventado para entendernos, nada más. Así que, para mayor conocimiento de estos temas, mejor consultad con un profesional. Hablo de lo que fueron para mí las cosas. Ya lo comenté anteriormente, pero me gusta dejarlo claro.*

Si he de resumir todo este libro en unas palabras, diría que para funcionar bien hay que ser lo más flexible que se pueda. Intentar evitar extremos absolutos en prácticamente todos los aspectos. Estar convencidísimo de que no se tiene razón es tan malo como estar convencido de que se tiene razón siempre.

Estar enganchado a la comida es tan malo como no disfrutarla en absoluto. Y así con prácticamente todo. Como habrás podido comprobar, el libro no ha dado una idea en concreto de nada. El propósito era abrir la mente.

Puedes contactar conmigo para contarme tu experiencia, o cualquier otra consulta a través de las webs oficiales del libro. En esta versión de idioma: www.comoaprobar.com

Contestaré a todo correo que reciba durante el año 2011. Idiomas que interpreto: español, inglés y francés. Mi orden de facilidad para interpretar es: 1. Inglés (materno). 2. Español y 3. Francés. Si hablas otro idioma, traduce a alguno de los mencionados. Para cuestiones comerciales, utiliza de asunto el título: "COMMERCIAL SUBJECT: (descripción del asunto en 8 palabras o menos)".

www.ingramcontent.com/pod-product-compliance
Lightning Source LLC
Chambersburg PA
CBHW052001090426
42741CB00008B/1499